Weitere Titel siehe letzte Seite.

Vorwort

Zum ersten Mal erscheint in der Reihe WAS IST WAS ein Band mit länderkundlichem Thema. Das geschieht auf vielfachen Wunsch der jungen WAS IST WAS-Leser. Europa sorgt für viele Fragen, spätestens seit das Taschengeld in Euro ausgezahlt wird. In einer Währung, deren Name stets an Europa erinnert. Wieso wurde eine neue Währung eingeführt? Wie viele Staaten haben ebenfalls den Euro als Zahlungsmittel? Wieso umfasst die Europäische Union nicht ganz Europa? Was ist eigentlich Europa?

Europa ist ein Erdteil, aber genau genommen kein eigener Kontinent. Europa ist nur ein kleiner Teil der eurasischen Landmasse, die zum überwiegenden Teil von Asien eingenommen wird. Europa hatte in der Antike mit den Griechen und Römern Hochkulturen, die bis in unsere Zeit wirken. Seither spricht man von Europa. Schon damals entstanden Großreiche und Kleinstaaten, Grenzen und Zugehörigkeiten wechselten bis in unsere Tage. Viele Sprachen und nationale Kulturen entwickelten sich und prägen gerade durch ihre Vielfalt Europa. Epochale Stile in Kunst, Literatur und Musik haben sich wiederum Grenzen überschreitend in ganz Europa ausgebreitet.

Europa ist ein äußerst komplexes Gebilde, dessen viele Facetten auf 48 Seiten untergebracht werden müssen. Verlag und Autoren sahen es als Herausforderung, kurz gefasste und daher übersichtlichere Darstellungen der erdgeschichtlichen Entstehung, der Klimazonen, der Tier- und Pflanzenwelt und einige Kennzahlen zu den Staaten selbst zu erarbeiten. Der Hauptteil des Buches ist der Europäischen Union gewidmet. Warum gibt es die EU? Was verändert sich durch den Euro? Wer bestimmt in der EU? Was kann die EU bestimmen? An der EU lässt sich nachvollziehen, wie sich Europa nach dem Ende der politischen Spaltung Europas in West und Ost seinen Platz als eigenständige Kraft in der Welt sucht.

WAS IST WAS

BAND 113

■ Dieses Buch ist auf chlorfrei gebleichtem Papier gedruckt.

BILDQUELLENNACHWEIS:

FOTOS: AKG, Berlin: S. 10 (5), 11 (4), 12 (5), 13ol, 13or, 22m; Corbis Stockmarket, Düsseldorf: S. 33ul (D. Brooks), 35or (L. Lefkowitz); DigitalStock: S. 6r (Jungfrau), 46ul (London); DPA, Frankfurt: S. 6r (Birkenwald), 13ur, 14o, 14mr, 16r, 16ul, 18or, 21ul, 26or, 27ol, 28ur, 32o, 33or, 34or, 36ol, 36ur, 44ur (A. Lindgren), 48 (Feuer); European Commission, Central Audiovisual Library: S. 2, 14u, 20ul, 21or, 26ol, 26om, 27om, 27or, 35ol, 36om, 36or, 37l, 38ol, 38ur, 42u (Rom), 43u (Helsinki/Luxemburg); Europäische Kommission, Berlin: S. 15l, 18m, 20ur, 21ol, 22o (Euro), 27ml, 28o, 33ol; Focus, Hamburg: S. 5u (SPL/Archaeopteryx), 51u (SPL); Getty Images, München: S. 50l, 5l (Bernstein), 6r (Lavendelfeld), 15r, 26ur, 35ul, 48; Image Bank, München: S. 4ur, 41ur; Keystone, Hamburg: S. 18ol, 20or, 25ol, 32ul, 32r (NATO Flagge), 40m, 48 (Nikolaus); PhotoDisc, Hamburg: S. 1, 6r (Viehweide), 39ur, 41u (Kloster), 43u (Paris), 44u (Lissabon), 47ul (Chain Bridge), 47ur (Prag), 49ol, 50o; PicturePress, Hamburg: S. 6or (Eismeer), 41u (Legoland), 42ur, 43ur, 45u (4), 46ol (Holmes), 47ur (Paella), 48 (Maifest); Version Photo, Berlin: S. 34 (Dolmetscherin); L. Weigel, Seoul: S. 33ml; Wildlife, Hamburg: S. 42u (D. Usher), 45ul (N. Benvie), 50m (M. Lane); ZEFA; Düsseldorf: S. 35mr (Wein), 35ur (Fischer), 47ul (Hund), 47u (Moschee), 48l

UMSCHLAGFOTOS DPA, Frankfurt; Geoatlas, F-Hendaye; Getty Images, München; Lucia Weigel, Seoul

ILLUSTRATIONEN: Giuliano Fornari, Florenz, S. 4-7; Frank Kliemt, Hamburg, S. 37, 41-47; Joachim Knappe, Hamburg, S.19, 22-25, 27-30, 34r, 39; Michaela Schneider, Nürnberg, S. 17, 23, 34l, 38, 49-51; Reiner Zieger, Berlin, S. 8-9

TEXT: Dr. Ulrike Reisach, S. 14-40; Dr. Reiner Köthe, S. 4-13, 50-51

ISBN 3-7886-1500-1

Inhalt

Eine Kontinentalplatte taucht unter eine andere, und Meeresablagerungen falten sich dabei zu Gebirgen auf.

Erdgeschichte

Sah Europa immer so aus wie heute?

Die Gestalt unserer Erde verändert sich stetig – auch die Kontinente. Sie treiben auf der Erdoberfläche, spalten sich auf und lagern sich wieder aneinander. In früheren Zeiten sah die Erde daher ganz anders aus, als wir sie kennen.

Das Gebiet des heutigen Europa lag viele Millionen Jahre lang nahe des Äquators. Vor 450 Millionen Jahren bestand es aus mehreren Inseln im Ozean zwischen nur zwei Kontinenten. Zu dieser Zeit entstanden die Gebirge Norwegens und Schottlands aus Meeresablagerungen, die allmählich aufgefaltet wurden.

Vor 300 Millionen Jahren hatte sich das Land gehoben und war von dichten urzeitlichen Wäldern bedeckt. Gesteine aus jener Zeit finden sich etwa in Südwestengland, im französischen Zentralmassiv, in den Ardennen, dem Rheinischen Schiefergebirge, den Sudeten und im Harz sowie im Ural. Damals wuchsen in sumpfigen Tälern riesige Wälder, aus denen sich später die Steinkohlelagerstätten Europas bildeten.

Vor 280 Millionen Jahren waren weite Gebiete Europas Wüste. Unter der heißen Sonne häuften sich in Flüssen und Seen rötliche Ablagerungen an. Sie verfestigten sich später zu rotem Sandstein. Bald darauf brach ein warmes, flaches Meer in diese Wüste ein; seine Ablagerungen

Die Gestalt unserer Erde vor 200 Millionen Jahren ...

... und heute

Bis vor etwa 200 Millionen Jahren hingen die Kontinente Nordamerika und Eurasien noch zusammen. Erdinnere Vorgänge trennten sie dann, seither treiben sie mit einer Geschwindigkeit von gut zwei Zentimetern pro Jahr auseinander – so entstand der Nordatlantik.

Vulkane rauchen in Europa heute vor allem in Island und im Mittelmeergebiet. Der größte tätige Vulkan Europas ist der Ätna auf Sizilien. Der Vesuv bei Neapel ist derzeit nicht aktiv, explodierte aber mehrfach im Laufe der Jahrhunderte mit zerstörerischer Gewalt.

Der Stromboli in Italien

Viel gemäßigter gehen die Ausbrüche des Stromboli nördlich von Sizilien vonstatten.

GROSSER GRABEN

Durch den Zusammenstoß der Kontinente sank das Gebiet zwischen Schwarzwald und Vogesen und nördlich davon um etwa fünf Kilometer ein. Die riesige Mulde füllte sich teilweise wieder mit Schutt, ist aber heute noch als Oberrheingraben erkennbar.

Die norwegischen Fjorde sind von Eisströmen ausgefräste Täler, in die das Meer eindrang.

bilden heute unter anderem Teile der Alpen, die Schwäbische und Fränkische Alb und die Schichtstufengebiete in Süddeutschland, um Paris und in Südostengland. Vor 70 Millionen Jahren war Europa erneut Festland, und vor 18 000 Jahren lagen riesige Flächen unter einem mächtigen Eispanzer.

Wie entstanden die Alpen?

Ein besonders prägendes Ereignis war die Entstehung des gewaltigen Gebirges der Alpen. Sie bildeten sich, als vor etwa 50 Millionen Jahren der afrikanische Kontinent gegen Europa drückte und dabei begann, Meeresablagerungen und ältere Gesteine vor sich her zu schieben und aufzufalten. Auch die Pyrenäen in Spanien und Frankreich, die Apenninen in Italien und osteuropäische Gebirge wie die Karpaten entstanden auf diese Weise. Die Hebung dauert noch immer an, in der Schweiz etwa um gut einen Millimeter pro Jahr.

Der Zusammenstoß der Kontinente hatte weitreichende Folgen. In Mitteleuropa brachen vor etwa 50 Millionen Jahren Vulkane auf, etwa in der Eifel, im Siebengebirge und in der Rhön. Der Vulkanismus dauert bis heute an. Auch die Erdbeben im Mittelmeerraum sind eine Folge dieser geologischen Vorgänge.

Wie hat die Eiszeit Europa verändert?

Vor zwei Millionen Jahren gingen die Temperaturen weltweit um mehrere Grad zurück. Das führte dazu, dass die Gletscher wuchsen, während der Meeresspiegel um über 100 Meter sank, da viel Wasser als Eis gebunden war. In Europa stießen Gletscher von Norden her nach Mitteleuropa vor und bedeckten das Land mit einem Eispanzer, der mehrere hundert Meter dick war. In wärmeren Perioden schmolzen die Gletscher ab. Zwischen nördlichem und südlichem Eisrand blieb ein eisfreies, aber nur karg bewachsenes Gebiet, in das die Schmelzwässer der Gletscher breite Täler wuschen. Erst vor etwa 10 000 Jahren ging diese „Eiszeit" zu Ende. Zurück blieb ein verändertes Land:
Die Gletscher ließen gewaltige Massen aus Sand und Gesteinsschutt zurück, die sie abgehobelt und mitgeführt hatten. Das Matterhorn etwa verdankt seine kantige Form vorbeischrammenden Gletschern. Der Südrand der Ostsee besteht seither aus mächtigen sandigen Ablagerungen. An vielen Stellen hinterließ das Eis Vertiefungen, die zu Seen und Mooren wurden.

FOSSILIEN – FUNDE AUS DER URZEIT

Insekten in Bernstein

Dinosaurier-Fossilien sind in Europa eher selten, da der Kontinent zu jener Zeit, als die Dinosaurier das Festland beherrschten, weitgehend von Meer bedeckt war. Im Gebiet des bayerischen Solnhofen aber hinterließ das flache, warme Meer vor 150 Millionen Jahren feine Ablagerungen, die die Überreste einiger Lebewesen genau bewahrten. Dort fanden sich Fossilien eines Tieres, das Merkmale von Saurier und Vogel vereint – der Urvogel.
Im heutigen Ostseeraum wuchsen vor rund 40 Millionen Jahren dichte Wälder mit vielen Nadelbäumen. Ihr Harz schloss kleine Tiere ein, versteinerte mit der Zeit zu Bernstein und erhielt sie so.
In einer Kiesgrube nahe dem Ort Mauer kam 1907 der Unterkiefer eines Frühmenschen zu Tage. Vor etwa 500 000 Jahren lebte der „Homo erectus heidelbergensis" am Neckar und gilt bis heute als ältester Europäer.

Skelett des Urvogels Archaeopteryx

Klima, Natur und Tiere

Was bestimmt Europas Klima?

Das vergleichsweise milde Klima verdankt Europa einer Meeresströmung im Atlantik, dem Golfstrom. Mitteleuropa liegt etwa auf dem gleichen Breitengrad wie Labrador in Kanada, wo die Winter lang und häufig minus 40 Grad kalt sind. Daher müsste das europäische Klima ähnlich sein. Doch der Golfstrom bringt pro Sekunde die ungeheure Menge von etwa 150 Millionen Kubikmetern warmen Wassers aus dem Golf von Mexiko und erhöht damit die durchschnittliche Jahrestemperatur. Dazu tragen auch die vorherrschenden Westwinde bei, die feuchte, milde Luft vom Atlantik herantragen. Der größte Teil Europas, besonders der Westen, hat daher regenreiche und warme Sommer und milde Winter. Je weiter man nach Osten kommt, desto mehr weicht der ausgleichende Einfluss des Meeres dem trockeneren Kontinentalklima mit kalten Wintern und heißen Sommern.

Ganz anders ist das Klima Südeuropas, denn die Alpen und Pyrenäen stellen Klimascheiden dar gegen das subtropische Mittelmeerklima mit heißen, trockenen Sommern und milden, aber regenreichen Wintern.

Welche Pflanzenwelt ist typisch für Europa?

Europa ist ein Teil des eurasischen Kontinents. Daher unterscheidet sich die Vegetation nicht grundlegend von der in den östlichen Gebieten. Allerdings gibt es in Europa eine geringere Artenvielfalt als in Asien. Schuld daran sind die Alpen: Das vergletscherte Gebirge wirkte in der Eiszeit als breiter Sperrriegel. Viele Tiere und Pflanzen konnten vor dem Eis nicht nach Süden ausweichen und starben aus. Nur wenige Arten konnten nach dem Ende der Eiszeit über diese Gebirgs-Barriere zurückkehren.

Die in Mitteleuropa von Natur aus vorherrschende Vegetationsform ist sommergrüner Laubwald, der im Herbst sein Laub abwirft. Im feuchteren Westen wachsen vor allem Eichen und Birken, im mittleren Teil (etwa in Deutschland) eher Buchen und Eichen gemeinsam mit anderen Laubbäumen. Die bei uns vielfach angepflanzten Fichtenwälder sind standortfremd und daher recht empfindlich. Im Südosten gibt es weite Steppengebiete, da dort der Niederschlag für dichten Baumwuchs nicht ausreicht.

In Nordeuropa ist es für die meisten Laubbäume zu kalt. Hier geht der Laubwald in eine Mischwaldzone über und macht schließlich den

Eismeer in Norwegen

Jungfrau, Schweiz

Birkenwald in Schweden

Viehweide in Irland

Lavendelfeld in Italien

Viele Wild- und Kulturpflanzen prägen Europas Flora. In den wärmeren Gebieten wachsen Feigen, Oliven, Lavendel und Weintrauben. Andere Pflanzen gedeihen in jedem Land.

Löwenzahn

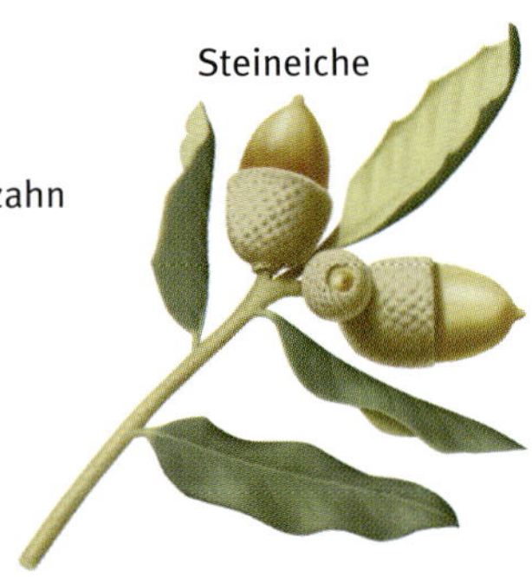

Steineiche

Fichte

Lavendel

Feige

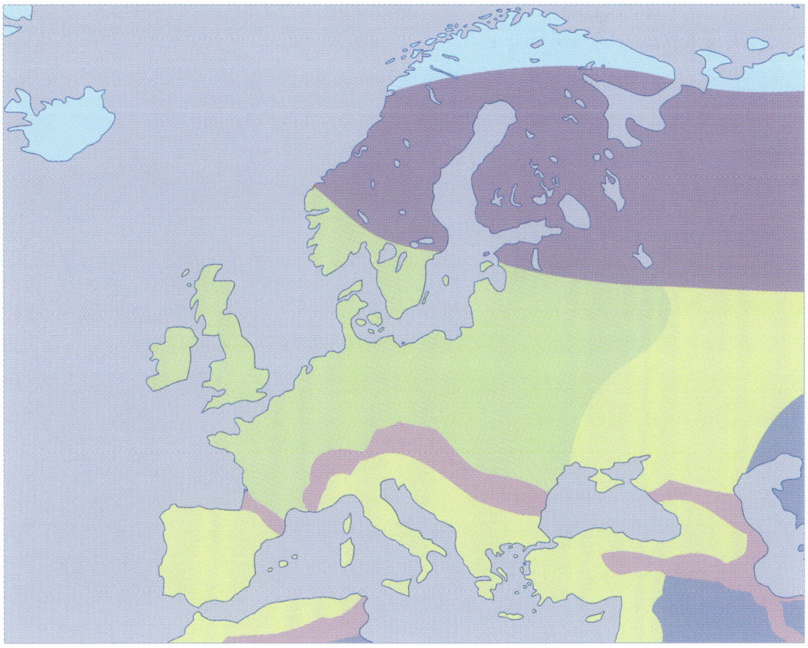

Polarklima
Gebirgsklima
Kalt-gemäßigtes Klima
Feucht-gemäßigtes Klima
Trocken-gemäßigtes Klima

EINWANDERER

Eine Fülle von Tieren und Pflanzen kamen (meist unbemerkt) in den letzten Jahrzehnten nach Europa. Manche, wie Waschbären, Marderhunde und die von Jägern ausgesetzten Fasane, fügten sich gut in das Ökosystem ein. Andere, wie die Chinesische Wollhandkrabbe, das Drüsige Springkraut und die Herkulesstaude, gefährden heimische Arten.

Nadelbäumen Platz, vor allem Kiefern und Fichten. Nur sie überstehen lange, kalte Winter und sind daher weiter südlich auch in Gipfellagen der Mittelgebirge und in den höheren Regionen der Alpen zu finden. Das Band aus Nadelbäumen zieht sich rund um die Erde. Weiter nördlich geht es in einen Birkenwald über, an den sich die baumlose Tundra anschließt, wo niedrige Sträucher und Flechten wachsen.

Was unterscheidet das Mittelmeergebiet vom Rest Europas?

Im Gegensatz zum nördlicheren Teil Europas ist der Mittelmeerraum reich an Pflanzenarten, weil die Eiszeit hier kein großes Artensterben verursacht hat. Allerdings müssen die Arten mit dem speziellen Klima zurechtkommen: Zwar sind die Winter mild, die Sommer aber sehr trocken. Daher wachsen hier in den Wäldern vor allem Nadelbäume wie die Aleppokiefer sowie immergrüne Hartlaubgehölze wie Steineiche und Korkeiche. In höher gelegenen und damit etwas kühleren Gebieten findet man auch Flaumeiche, Edelkastanie und Rotbuche.

Allerdings wächst nur noch an wenigen Stellen die ursprüngliche Mittelmeervegetation: Der Mensch hat im Laufe der Jahrhunderte riesige Flächen gerodet, um das Holz als Bau- oder Brennmaterial zu nutzen; Waldbrände im Sommer vernichteten weitere Waldgebiete. Von steilen Hängen spülte der Regen dann oft den Erdboden herunter und verhinderte, dass neue Bäume und Sträucher nachwuchsen. In anderen Gebieten hat sich statt des Waldes ein Buschwald angesiedelt, die Macchie. Zistrosen, Myrte und andere oft schön blühende Pflanzen bilden hier ein fast undurchdringliches Dickicht. An trockeneren Standorten wachsen niedrige Zwergsträucher und viele andere Kräuter, darunter zahlreiche Orchideen. Viele hier lebende Pflanzen können nur existieren, weil sie sich durch Dornen und unangenehme Geschmacksstoffe davor schützen, von Schafen und Ziegen gefressen zu werden. Zahlreiche Küchenkräuter wie Thymian, Majoran, Lavendel, Salbei und Zitronenmelisse sind hier zu Hause, und an warmen Tagen liegt ein aromatischer Duft über der Landschaft.

Apfel

Weintraube

Olivenzweig

Roggen

Kartoffel (mit einem Kartoffelkäfer)

Die heutige Tierwelt Mitteleuropas hat mit der einst heimischen wenig gemeinsam. Vor der Eiszeit, im warmen Klima jener Zeit, gab es hier eine Fülle von Tieren, die zum Teil aus Asien oder Nordamerika eingewandert waren, darunter Löwen, Nashörner, Krokodile und Flusspferde.

Welche Tierarten leben in Europa?

Die Abkühlung kam dann nur wenigen Arten zugute, die sich anpassten, wie Mammut, Höhlenlöwe, Höhlenbär und Riesenhirsch. Andere konnten wegen der Alpen-Barriere nicht nach Süden in wärmere Gebiete ausweichen und starben aus. Ein großer Teil der heutigen Arten wanderte nach der Eiszeit aus Südosten oder Süden um die Alpen herum ins wiederbegrünte Land ein. Das gilt besonders für Waldtiere wie Hirsch, Wildschwein, Eichhörnchen, Dachs, Luchs, Wolf, Wildkatze, Ur und Wisent. Für die Eiszeittiere dagegen war die Erwärmung eine Katastrophe, sie starben aus.

Seit Jahrtausenden verändert der Mensch die europäische Landschaft und damit den Tierbestand. Große Teile der einstigen Waldgebiete wurden abgeholzt und in Äcker und Wiesen verwandelt. Die großen Wildtiere, die weite Wanderungsgebiete brauchen, zogen sich in unberührte Gebiete zurück, während in die offenen Flächen zum Teil Tiere aus den Steppen des Ostens einwanderten, etwa Kaninchen. Zudem rottete der Mensch die großen

Feld und Wiese:
1 Feldlerche
2 Nebelkrähe
3 Mäusebussard
4 Igel
5 Feldhase
6 Feldmaus
7 Tagpfauenauge
8 Wildbiene
9 Rothirsch
10 Reh

Binnengewässer:
11 Graureiher
12 Stockente
13 Weißstorch
14 Otter
15 Frosch
16 Libelle

Wald:
17 Nachtigall
18 Buntspecht
19 Waldohreule
20 Eichelhäher
21 Langohr-Fledermaus
22 Wildschwein mit Frischlingen
23 Dachs
24 Fuchs
25 Ringelnatter
26 Eichhörnchen
27 Wolf

Gebirge:
28 Murmeltier
29 Steinbock
30 Gämse
31 Steinadler
32 Eidechse

Küste und Meer:
33 Mantelmöwe
34 Seeschwalbe
35 Kormoran
36 Austernfischer
37 Rotschenkel
38 Kiebitz
39 Seehund
40 Krabbe
41 Muscheln
42 Dorsch
43 Sardine
44 Makrele
45 Scholle

Fleischfresser wie Wolf und Bär beinahe völlig aus. Dennoch blieben in naturnahen Bereichen typische mitteleuropäische Tiere wie Hirsche und Rehe, Marder, Füchse, Dachse, Igel, Eichhörnchen, Fledermäuse und Mäuse heimisch, ebenso zahlreiche Waldvögel wie Eulen, Sing- und Greifvögel.

Andere Vogelarten haben sich an den Menschen gewöhnt und besiedeln Städte und Dörfer, wie Amseln, Sperlinge, Schwalben, Weißstörche, Gänse und Enten. Im speziellen Lebensraum der Hochalpen findet man Steinböcke, Gämsen, Murmeltiere und den Steinadler, und im hohen Norden neben dem einst in Mitteleuropa heimischen Elch auch Rentiere, Lemminge und Vielfraße.

Im warmen Mittelmeerraum kommen viele Tierarten vor, die auch in Mitteleuropa leben – zum Teil haben sie sich nach der Eiszeit von hier aus nach Norden ausgebreitet. Dank der Verbindungen nach Nordafrika und Kleinasien gibt es hier außerdem wärmeliebende Tiere, die ursprünglich nicht in Europa zu Hause waren, etwa Mungo, Ginsterkatze, Schakal, Stachelschwein, die Magot-Affen auf Gibraltar und noch bis vor einigen Jahrhunderten sogar Löwen. Freilich hat die Verfolgung durch den Menschen und die Lebensraumzerstörung gerade größere Tiere vertrieben. Das Verschwinden der Wälder hat aber auch neue Lebensräume geschaffen, besonders für die wärmeliebenden Insekten und Reptilien.

Für die mitteleuropäische Vogelwelt hat der Mittelmeerraum besonders große Bedeutung – als Zugstraße und Rastplatz, zum Teil auch als Winterquartier.

Eine kurze Geschichte Europas

Der Name Europa stammt aus einer griechischen Sage. Als Europa, eine schöne Königstochter aus Phönikien, einst am Strand badete, entführte sie der Göttervater Zeus in Gestalt eines Stiers über das Meer. An der Küste der Insel Kreta setzte er sie ab und sie bekamen drei Kinder. Die Griechen übertrugen den Namen der schönen Frau auf den ganzen Erdteil.

Zeus entführt Europa in Gestalt eines Stiers über das Meer.

Die großen Reiche der Antike, Griechenland und das Römische Reich, prägten Europa durch ihre hoch entwickelte Gesellschaft und Zivilisation. In Athen wurde schon vor etwa 2500 Jahren die politische Idee der Demokratie geboren. 753 v. Chr. wurde Rom gegründet. Die Römer übernahmen die griechische Kultur und erweiterten viele Ideen. Wenige Hundert Jahre später schufen sie ein gewaltiges Imperium, das den Kontinent prägte und ein Vorbild für spätere europäische Reiche wurde.

Die lange Friedenszeit während der Herrschaft von Kaiser Augustus (27 v. Chr. bis 14 n. Chr.) ermöglichte regen Handel, Reisen und Kulturaustausch.

Wikingerhelm aus Schweden

Die Eroberungszüge der Hunnen, eines westmongolischen Volks, lösten Mitte des 4. Jahrhunderts die Völkerwanderung aus. In der Folge veränderte eine 200 Jahre lang andauernde Flucht- und Wanderungswelle die bisherige Ordnung Europas völlig. Dabei entstanden neue Reiche, etwa das oströmische Reich mit der Hauptstadt Konstantinopel und das Reich der Franken im Westen. Der berühmteste Herrscher der Franken war Karl der Große, der um 800 fast ganz Mittel- und Südeuropa regierte.

Mittelalter nennt man das Jahrtausend zwischen dem endgültigen Zusammenbruch des Weströmischen Reichs im 5. Jahrhundert und der Entdeckung Amerikas 1492. Im frühen Mittelalter lebten die Menschen weitgehend als Bauern in ihren Dörfern. Um 800 begann ein deutlicher Aufschwung: Neue Anbaumethoden erhöhten die Ernteerträge, Handel und Reisen setzten ein, neue Städte wurden gegründet. Das Christentum wurde durch Eroberungen und Missionierungen nach Osten und Norden verbreitet. Adelige bauten sich zum Schutz und als Zeichen ihrer Macht Burgen, in den Städten entstanden gewaltige Kirchen. Durch Handel reich gewordene Bürger in den Städten pflegten die Bildung und erste Universitäten wurden errichtet.

Die Pest forderte im Mittelalter viele Opfer.

Der Islam hatte sich seit 622 ausgebreitet. Die Muslime beherrschten nun auch den südlichen Mittelmeerraum, Spanien und das „Heilige Land" mit Jerusalem. Der Papst rief daher 1095 die christlichen Ritter zu einem „heiligen Krieg" gegen Andersgläubige und zu einer bewaffneten Wallfahrt nach Jerusalem auf, um es zurückzuerobern. Die Kreuzzüge führten zu grausamen Schlachten im Nahen Osten. Jerusalem geriet nur für wenige Jahre unter christliche Herrschaft, die folgenden Kreuzzüge scheiterten.

Kreuzritter belagern Damaskus, 1148.

Die Fahrten der Portugiesen nach Indien und die Entdeckung Amerikas 1492 durch Christoph Kolumbus leiteten das europäische Zeitalter der Entdeckungen ein. Antrieb war vor allem die Jagd nach Reichtümern. Den Anfang machten Spanien und Portugal, die fast ganz Mittel- und Südamerika unterwarfen. Neuartige Lebensmittel wie Mais, Kartoffeln, Tabak, Tomaten, Vanille und Kakao kamen aus der „Neuen Welt" nach Europa sowie große Mengen an Gold und Silber. Auch andere europäische Länder eroberten

Kolumbus landet in Guanahani, 12. Oktober 1492.

sich in den folgenden Jahrhunderten überseeische Besitzungen, so genannte Kolonien, um sie auszubeuten. Im 19. und 20. Jahrhundert errangen die Kolonien unter großen Anstrengungen ihre Selbstständigkeit zurück. Den Anfang machten die USA, die sich 1783 von England lösten.

In der **Renaissance** entdeckten Künstler und Gelehrte erneut die Leistungen der Antike, die im Mittelalter vergessen worden waren. Das führte zu einer Blüte von Kunst und Wissenschaft. Dichter wie Dante und Künstler wie Michelangelo, Leonardo da Vinci und Raffael in Italien oder Albrecht Dürer in Deutschland schufen unsterbliche Werke. Die Renaissance („Wiedergeburt") prägte kulturell den Übergang vom Mittelalter zur Neuzeit.

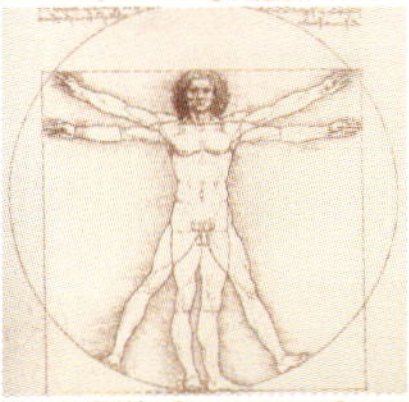

In der Renaissance begannen die Menschen auch den menschlichen Körper genau zu studieren. Das Hintergrundbild auf dieser Seite zeigt ein Körperschema von Leonardo da Vinci (1452-1517).

Die **Reformation** spaltete Europa grundlegend. Anlass war der schlechte Zustand der Kirche zu Beginn des 16. Jahrhunderts: Päpste und höhere Kirchenbeamte strebten nach Luxus und Macht und kümmerten sich kaum um Gesetz, Moral und Seelsorge. Der Mönch Martin Luther in Deutschland, der Theologe Johannes Calvin in der Schweiz sowie andere Geistliche forderten Reformen. Die Kirchenfürsten aber belegten die „Protestanten" mit schweren Strafen. Bald kam es zu Kriegen zwischen katholischen und protestantischen Fürsten und zu blutigen Verfolgungen der Protestanten. Im 17. Jahrhundert führten Machtkämpfe und der Konflikt zwischen den katholischen und protestantischen Ländern zum **Dreißigjährigen Krieg.** Mehrere europäische Mächte trugen zwischen 1618 und 1648 zahlreiche Schlachten auf deutschem Boden aus. Der Krieg führte zu schlimmen Verwüstungen, zu Armut, Seuchen und dem Tod von einem Drittel der Bevölkerung.

Martin Luther (1483-1546)

Der schwedische König Gustav II. Adolf (1611-1632) trat im Jahr 1630 auf Seiten der Protestanten in den Dreißigjährigen Krieg ein.

Als Symbol wählte Ludwig XIV. die Sonne, die im Mittelpunkt steht, daher wird er „Sonnenkönig" genannt.

„Der Staat bin ich!" Das Motto des französischen Königs Ludwig XIV. (1638-1715) kennzeichnet den **Absolutismus,** die wichtigste Herrschaftsform im Europa des 17. Jahrhunderts: Ein Staat, in dem der König von niemandem kontrolliert an der Spitze steht. Der König sah sich von Gottes Gnaden eingesetzt und war somit nur ihm Rechenschaft schuldig. Ludwig XIV. nutzte seine Macht, um durch militärische Aufrüstung Frankreich zum Vorherrscher in Europa zu machen, allerdings um den Preis bitterer Armut im Land. Andere Herrscher nahmen seinen absolutistischen Herrschaftsstil zum Vorbild.

Die Aufklärung führte ab Mitte des 18. Jahrhunderts zur Befreiung des menschlichen Geistes von den Zwängen religiöser Vorschriften. Die Lehren der Bibel wurden von den Gelehrten zunehmend angezweifelt, weil sie mit ihren Beobachtungen in der Natur nicht übereinstimmten. Quelle allen Wissens sollte daher in Zukunft der kritische menschliche Verstand sein. Diese neue Richtschnur des Denkens führte zur Gründung wissenschaftlicher Akademien und leitete schließlich auch die Entwicklung der Industrie ein. Zweifel wuchsen auch am „Gottesgnadentum" der Könige: Die Staatsgewalt, so die Forderung, sollte allein vom Volk ausgehen und von gewählten Vertretern auf Zeit ausgeübt werden.

Napoleon I. Bonaparte (1769-1821)

Die 1789 ausbrechende Französische Revolution mit dem Leitsatz „Freiheit, Gleichheit, Brüderlichkeit" stürzte den König und setzte die Nationalversammlung ein, die aus Vertretern des Volks bestand. Auslöser waren Hungersnöte, verursacht durch die verschwenderische und menschenverachtende Hofhaltung des absolutistischen Königs. Er und viele Adelige wurden vom wütenden Volk zum Tod verurteilt. Die Nationalversammlung erarbeitete eine Verfassung und gestaltete den Staat völlig um. Währenddessen entwickelte sich eine Schreckensherrschaft, der viele angebliche „Feinde der Revolution" zum Opfer fielen.

Sturm auf die Bastille in Paris am 14. Juli 1789.

Die anderen europäischen Herrscher fürchteten um ihre Macht und bekämpften das revolutionäre Frankreich. In der Revolutionsarmee machte besonders ein Soldat aus Korsika Karriere: Napoleon Bonaparte. Nach vielen gewonnenen Schlachten rief man ihn als „Retter des Vaterlands" nach Paris, wo er sich zum Alleinherrscher machte, die Verwaltung neu ordnete und einen straffen, modernen Staat schuf – allerdings mit sich selbst als uneingeschränktem Herrscher. 1804 krönte er sich sogar zum Kaiser. In vielen Feldzügen eroberte er im Laufe einiger Jahre fast ganz Europa, bis er schließlich 1813 und 1814 von den Truppen Englands, Russlands und Preußens besiegt wurde. Im „Wiener Kongress" ordneten die Siegermächte Europa neu. Die Ideen der Französischen Revolution beeinflussten jedoch die Entwicklung vieler Länder.

Die Industrialisierung mit dem Ziel der billigen Massenherstellung von Gütern begann um 1770 in England mit der Erfindung der Dampfmaschine. Weitere Erfindungen wie der mechanische Webstuhl und die Eisenbahn folgten. Großbritannien wurde zum ersten und führenden Industrieland Europas.

Der Erste Weltkrieg war eine Folge des europäischen Imperialismus im 19. Jahrhundert, des Wettringens der Mächte um die Vorherrschaft in Europa und der Welt. 1914 explodierten die Spannungen in einem weltweit ausgetragenen Krieg, an dem zunächst vor allem das Deutsche Reich und Österreich-Ungarn (die „Mittelmächte") auf der einen Seite sowie Frankreich, Italien, Großbritannien und Russland („Alliierte") auf der anderen Seite beteiligt waren. Es war der erste Krieg mit Massenvernichtungswaffen wie U-Booten, Panzern, Giftgas und Maschinengewehren. Er forderte Millionen von Toten. Die USA traten schließlich auf Seiten der Alliierten in den Krieg ein und entschieden ihn 1918. Die Sieger lasteten den Mittelmächten die Alleinschuld am Krieg an und erlegten ihnen große finanzielle Wiedergutmachungen auf. Die Grenzen in Europa wurden zugunsten der Alliierten neu geordnet. Europa verlor

Ende des 19. Jahrhunderts war harte Kinderarbeit, etwa in Bergwerken, weit verbreitet.

in diesem Krieg seine weltbestimmende Stellung. Die Sowjetunion und die USA traten als neue Weltmächte auf.

Bald nach dem Weltkrieg breiteten sich in Europa Faschismus und Diktaturen aus: Demokratische Regierungen konnten sich nicht richtig durchsetzen, viele Menschen verlangten nach einem „starken Mann“ als Staatsoberhaupt – etwa

Abtransport von Juden aus dem Warschauer Getto. Sechs Millionen Menschen wurden in Konzentrationslager deportiert und dort getötet.

in Italien, Spanien und Russland. Besonders verheerend wirkte sich diese Entwicklung in Deutschland aus, wo Adolf Hitler mit seiner Nationalsozialistischen Partei 1933 eine Diktatur errichtete, Österreich mit Deutschland vereinigte und aufrüstete. Ein Hauptbestandteil der nationalsozialistischen Weltanschauung war der Hass gegen Juden und andere Völker wie Slawen, Sinti und Roma. Sie wurden unterdrückt, später in Konzentrationslagern eingesperrt und schließlich in Vernichtungslagern wie Auschwitz ermordet. 1939 führte Hitler das Deutsche Reich in einen Krieg, der sich rasch zum Zweiten Weltkrieg entwickelte und über 60 Millionen Tote forderte. Zunächst konnte er mehrere schnelle Siege erringen, aber spätestens nach dem Kriegseintritt der USA im Jahr 1941 und den Niederlagen gegen die Sowjetunion wendete sich das Blatt. 1945 kapitulierte Deutschland.

Deutsche Soldaten im Gasrauch an der Ostfront, 1915

Die Missstände der Industrialisierung, vor allem die Armut der breiten Massen und die Ausbeutung der Arbeiter, führten zur Entwicklung der Idee des Kommunismus. Karl Marx und Friedrich Engels forderten eine Gesellschaft, in der die Produktionsmittel (Fabriken) nicht Einzelnen, sondern allen gehören und alle Menschen sozial gleichgestellt sind. Die Sowjetunion führte ab 1917 unter Lenin dieses System ein, nach dem Zweiten Weltkrieg übernahmen es auch andere Staaten. Gegen Ende des 20. Jahrhunderts aber wurden die Mängel bei der Umsetzung des Kommunismus – vor allem die wirtschaftliche Schwäche und die Unterdrückung der Menschen – so unerträglich, dass sich fast alle Staaten nach dem Zusammenbruch der Sowjetunion 1991 davon befreiten.

Der Zweite Weltkrieg führte zu einer jahrzehntelangen Teilung Europas in zwei Machtzonen, die von der Sowjetunion einerseits und von den USA andererseits kontrolliert wurden. Zwischen den Mächten entwickelte sich eine erbitterte Konfrontation, die aber aus Furcht vor den Folgen eines weltweiten Atomkriegs nicht militärisch ausgetragen wurde und die man daher den Kalten Krieg nannte. Mehrfach führten Konflikte an den Rand eines erneuten Weltkriegs. Erst etwa ab 1988 ging der Kalte Krieg allmählich zu Ende, vor allem seit der Öffnung der Sowjetunion unter Michail Gorbatschow, die schließlich zur Auflösung ihres Machtblocks führte.

„Lenin auf dem Panzerwagen“, Gemälde von W. Chwosstenko, 1935

Am 9. November 1989 fiel die Mauer in Berlin, die Ost- und Westdeutschland viele Jahrzehnte lang getrennt hatte.

Die Europäische Union

Was ist die Europäische Union?

Von der Europäischen Union, kurz EU genannt, hören wir täglich in den Nachrichten. Wir lesen über sie in zahllosen Zeitungsartikeln. Es wird viel über die EU diskutiert, denn sie ist für unsere Wirtschaft und Politik von entscheidender Bedeutung. Wir merken das im Alltag, wie zuletzt bei der Einführung des Euro.

Die EU ist nicht Europa, auch wenn oft dieser Eindruck entsteht. Union bedeutet Vereinigung, früher wurde die EU auch EG (Europäische Gemeinschaft) genannt. In der EU haben sich inzwischen 15 europäische Staaten mit insgesamt 375 Millionen Menschen vertraglich verpflichtet, eng zusammenzuarbeiten.

Diese Verträge wurden immer wieder erweitert und den neuesten Erfordernissen angepasst. Sie beschreiben die Regeln der Zusammenarbeit, die Rechte und Pflichten der Mitgliedsländer und die Funktionsweise der europäischen Institutionen (Behörden). EU-Verordnungen und EU-Richtlinien regeln Einzelheiten bis ins Detail.

Die EU ist kein Bundesstaat wie die Bundesrepublik Deutschland, bei der die Bundesländer ihre Entscheidungsbefugnisse weitgehend an die Bundesregierung abgegeben haben. Die EU ist ein Vertragsbündnis souveräner Staaten. Alle Mitgliedsländer behalten ihre eigene Regierung, ihre Verwaltung, ihre Gesetze und Gerichte. Die Regierungen der Mitgliedsstaaten entscheiden immer wieder neu, wie die EU-Politik aussehen soll. Komplizierte Abstimmungsverfahren stellen sicher, dass alle Mitgliedsländer gleichermaßen mitzureden haben. Daher braucht die EU oft lange, bis sie zu Entscheidungen kommt.

Die Zusammenarbeit der EU-Mitgliedsstaaten erstreckt sich

Verträge regeln die Zusammenarbeit in der EU.

Robert Schuman

EUROPATAG

Am 9. Mai 1950 schlug der damalige französische Außenminister Robert Schuman vor, ein vereinigtes Europa zu schaffen und so friedliche Beziehungen in Europa auf Dauer zu festigen. Sein Vorschlag gilt als Grundstein der EU, deshalb wurde der 9. Mai zum Europatag ernannt.
Die EU hat auch eine eigene Hymne mit der Melodie der Ode „An die Freude“ aus der Neunten Symphonie von Ludwig van Beethoven.

Europa-Flagge

Ein Kreis aus zwölf Sternen vor einem blauen Himmel steht für die Europäische Union. Die Flagge ist ein Zeichen für die Zusammengehörigkeit der Völker Europas. Die Zahl Zwölf gilt als Symbol für Vollkommenheit und Einheit und steht für die zwölf EU-Mitglieder beim Abschluss des Vertrags von Maastricht 1992.

nicht nur auf Handelsbeziehungen – das wäre nichts Ungewöhnliches, denn manche anderen Ländergruppen auf der Welt haben ebenfalls die gegenseitigen Handelsschranken abgebaut.

Was die EU einzigartig macht, ist die Tatsache, dass die wirtschaftsbezogenen Vorschriften so weit harmonisiert wurden, dass Geschäfte in allen EU-Ländern nach vergleichbaren Regeln gemacht werden. Die Mitgliedsstaaten haben also nicht nur ihre Märkte gegenseitig geöffnet, sondern auch ihr gesamtes Rechtssystem aneinander angepasst.

Über den Bereich der Wirtschaft hinaus verfolgt die EU auch gemeinsame politische Ziele. So bespricht man sich in Fragen der Außen- und Sicherheitspolitik und stimmt sich darüber ab, ob und inwieweit sich die EU an militärischen Einsätzen beteiligt. In den Bereichen Justiz und Innenpolitik wird ebenfalls eine gemeinsame Linie verfolgt.

Die Organisation der EU und ihre Institutionen sind im Verlauf der Jahrzehnte seit ihrer Gründung zu einem komplizierten Gebilde herangewachsen. An der Verwirklichung ihrer Ziele und an den Regeln der Durchführung wird ständig gearbeitet. Am besten lernt man daher die Ziele der EU und ihre Organisation kennen, wenn man die Entstehungsgeschichte der Europäischen Gemeinschaft verfolgt.

Wie ist die EU entstanden?

1951

In Paris wird der Vertrag zur Gründung der Europäischen Gemeinschaft für Kohle und Stahl (EGKS) unterzeichnet.

Die Unterzeichnung der „Römischen Verträge“ am 25. 3. 1957

1957/1958

In Rom werden die Verträge zur Europäischen Wirtschaftsgemeinschaft (EWG) und der Europäischen Atomgemeinschaft (EAG), auch Euratom genannt, geschlossen. Gemeinsam mit dem bereits bestehenden EGKS-Vertrag bilden die „Römischen Verträge“ den Grundstein der Europäischen Gemeinschaft (EG), die 1967 entsteht.

1968

Die Zollunion wird verwirklicht. Das heißt, zwischen den sechs EG-Ländern wird kein Zoll mehr erhoben.

1973-1986

Erweiterung der EG: Zunächst treten Dänemark, Irland und das Vereinigte Königreich ein, 1981 folgt Griechenland und 1986 schließen sich Spanien und Portugal an.

1986

Die Außenminister der zwölf EG-Mitglieder beschließen die Errichtung des Europäischen Binnenmarktes bis Ende 1992.

1992

In Maastricht wird die Verwirklichung der Währungsunion beschlossen. Gleichzeitig werden die Aufgaben und Ziele der EG um eine gemeinsame Außen- und Sicherheitspolitik sowie eine gemeinsame Justiz- und Innenpolitik erweitert.

1993

Der Europäische Binnenmarkt wird vollendet. Waren, Dienstleistungen und Kapital, das heißt Geld, können ungehindert von einem Land ins andere. Die Vereinbarungen von 1992 über neue gemeinsame Politikbereiche treten in Kraft. Die EG wird zur EU.

1995

Beitritt von Finnland, Österreich und Schweden. Das Schengener Abkommen tritt in Kraft: Es gibt keine Passkontrollen mehr zwischen sieben (später zehn) EU-Staaten.

1999

Die 1992 vereinbarte Europäische Währungsunion startet am 1. Januar mit elf (ab 2001 mit zwölf) EU-Staaten.

2002

Ab 1. Januar ist der Euro auch als Bargeld im Einsatz.

Der Euro rollt.

Warum gibt es die Europäische Union?

1945 lag Europa in Schutt und Asche. Millionen Menschen hatten im Zweiten Weltkrieg ihr Leben verloren. „Nie wieder Krieg", schworen sich die Menschen. Den Anfang machten Frankreich und Deutschland. Beide einigten sich darauf, ihre Kohle- und Stahlproduktion einer gemeinsamen Behörde zu unterstellen. Kohle und Stahl gehören zur Bergbauindustrie, die auch Montanindustrie genannt wird. Die gemeinsame europäische Verwaltung der kriegswichtigen Montanbranche sollte entscheidend zur Friedenssicherung beitragen und die früheren Kriegsgegner enger aneinander binden. Die Nachbarländer Italien, Niederlande, Belgien und Luxemburg begrüßten diesen Vorschlag und schlossen sich ihm an. Im April 1951 wurde der Vertrag über die Gründung der „Europäischen Gemeinschaft für Kohle und Stahl" (EGKS), auch „Montanunion" genannt, zwischen den sechs Ländern feierlich unterzeichnet.

1957 wurde eine gemeinsame Politik im Bereich Landwirtschaft beschlossen, um die Ernährung der Bevölkerung in den europäischen Staaten sicherzustellen. Das war der Beginn der „Europäischen Wirtschaftsgemeinschaft" (EWG).

Nach dem Ende des Zweiten Weltkriegs waren viele europäische Städte völlig zerstört.

Es folgten viele weitere Schritte, bis die Europäische Union in ihrer heutigen Form entstanden war. Immer mehr Politikbereiche wurden einbezogen, doch „Vereinigte Staaten von Europa" waren nicht das Ziel. Zusammenarbeit – ja, aber vollständige Vereinigung – nein. Denn die Staaten mit ihrer lange zurückreichenden Geschichte, ihren eigenen Sprachen und Kulturen wollen ihre Eigenständigkeit bewahren.

Welche Länder umfasst die EU?

Nicht alle europäischen Staaten sind Mitglieder der EU. Heute zählt die EU 15 Mitgliedsstaaten, zwölf weitere Länder haben einen Beitrittsantrag gestellt. Die EU ist offen für neue Mitglieder, doch jeder Beitrittskandidat muss bestimmte Voraussetzungen erfüllen. Er muss ein europäischer Staat sein, in dem Rechtsstaatlichkeit herrscht. Das bedeutet, dass die Gesetze von gewählten Volksvertretern (dem Parlament) beschlossen und von regierungsunabhängigen Gerichten durchgesetzt werden.

Diese Voraussetzung erscheint uns selbstverständlich. Doch Griechenland und Spanien waren bis 1975 Diktaturen. Generäle waren an der Macht, die Gesetze nach eigenem Belieben erließen und politisch Andersdenkende unterdrückten. Erst als Griechenland und Spanien demokratische, vom Volk gewählte Regierungen hatten und die Spielregeln des Rechtsstaats einhielten, wurden sie in die EU aufgenommen.

Alle Beitrittsländer müssen bereit sein, die Verpflichtungen zu erfüllen, die sich aus

ZUSAMMENARBEIT

Auf folgenden Gebieten ist die EU mit gemeinsamen Gesetzen und Projekten aktiv:

1. Landwirtschaft
2. Verbraucherschutz
3. Wettbewerbsrecht (z. B. Verbot von Preisabsprachen zwischen Unternehmen)
4. Regional- und Strukturpolitik (Förderung benachteiligter Regionen und Personenkreise)
5. Sozialpolitik (z. B. gemeinsame Vorschriften zum Arbeitsschutz)
6. Bildungspolitik

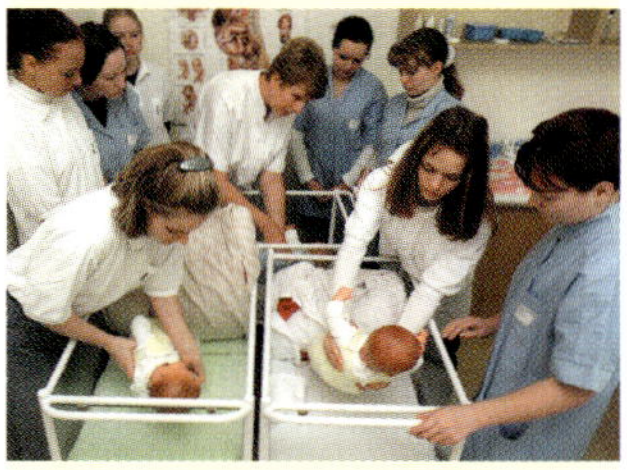

Die gegenseitige Anerkennung von Berufsabschlüssen ist ein wichtiger Bereich der Bildungspolitik.

7. Umweltpolitik (gemeinsame Umweltstandards und Schutzprojekte)
8. Zoll- und Handelspolitik (z. B. Abkommen mit den USA, mit Japan oder China)
9. Außenpolitik (Förderung von Partnerstaaten z. B. in Osteuropa oder im Mittelmeerraum)
10. Entwicklungshilfe

ZURÜCKHALTUNG

Die Schweiz stellte 1992 einen Beitrittsantrag. Nachdem sich aber die Mehrheit der Bevölkerung gegen einen Beitritt ausgesprochen hatte, ruht das Ansuchen. Ebenso sind Liechtenstein, Norwegen und Island nicht in der EU. Die vier Länder sind mit einzelnen Verträgen im Bereich der Wirtschaft mit der EU verbunden. Doch eine engere politische Zusammenarbeit, etwa in Fragen der Verteidigungspolitik, lehnen sie ab.

den EU-Verträgen ergeben. Sie müssen das gesamte Regelwerk an Gesetzen, das die EU in den vergangenen Jahrzehnten entwickelt hat, übernehmen und im eigenen Land umsetzen. Daher dauert es oft recht lange, bis ein Land Mitglied werden kann.

Wenn ein Staat der EU beitreten möchte, dann werden intensive Gespräche geführt, die klären, welche Reformen und Maßnahmen er durchführen muss, damit er gute Chancen auf eine baldige Aufnahme in die EU hat.

Von den 13 Ländern, die Beitrittsanträge gestellt haben, haben zehn die Chance, im Jahr 2004 der EU beizutreten. Die einstigen kommunistischen Staaten haben sich inzwischen zu Demokratien gewandelt. Bis auf Rumänien und Bulgarien sind alle auf gutem Wege, die Binnenmarktgesetze rechtzeitig umzusetzen. Besonders Polen, Ungarn, die Tschechische Republik, Slowenien und Estland haben bereits eine Wirtschaftskraft erreicht, die nicht mehr weit von der der EU-Mitglieder entfernt ist.

Früher mussten Reisende und LKW-Fahrer oft in langen Schlangen an den Grenzübergängen warten, bis sie die Zollabfertigung passieren konnten.

Zollbeamte aus Deutschland und den Niederlanden durchsägen symbolisch den Schlagbaum. Grenzkontrollen wurden im Zuge des Schengener Abkommens abgeschafft.

Gibt es in der EU noch Landesgrenzen?

An den Grenzen zwischen zwei EU-Ländern finden keine Passkontrollen mehr statt. Das bedeutet, dass sich Personen frei von einem EU-Land in ein anderes bewegen können. Sie dürfen auch ihre Dienste in einem anderen EU-Staat anbieten, egal in welchem Land der Wohn- und Firmensitz ist. Spediteure dürfen europaweit aktiv sein. Für die Waren gibt es ebenfalls keine Grenzen mehr: 1968 hat die EU die Zölle zwischen den Mitgliedsstaaten abgeschafft.

Auch für das Geld gilt der freie Grenzverkehr. Kapital kann in unbegrenzter Höhe und Häufigkeit von einem EU-Land in ein anderes überwiesen werden.

Diese vier Grundfreiheiten – die Freiheit des Personen-, Dienstleistungs-, Waren- und des Kapitalverkehrs – ermöglichen einen alle Länder übergreifenden Wirtschaftsraum. Man nennt ihn den „Europäischen Binnenmarkt"; „binnen" bedeutet „innerhalb" der europäischen Grenzen. Erst an der Grenze zu den Nicht-EU-Staaten endet dieser Markt.

Die vier Grundfreiheiten kommen uns heute in Europa schon ganz selbstverständlich vor. Doch es war ein langer und komplizierter Weg, bis man sie gewähren konnte.

Warum werden Äpfel in der EU genormt?

Der Europäische Binnenmarkt konnte erst entstehen, nachdem in allen EU-Ländern die entsprechenden Gesetze und Normen angepasst oder gegenseitig anerkannt wurden.

Für Diskussion sorgte dabei die Meldung, dass selbst die Größe von Äpfeln in Klassen eingeteilt wurde. Sie wurde von Kritikern als Beweis für den Übereifer der EU angeführt, alles bis zur Unsinnigkeit vermessen, normie-

Auch der Staat kauft europaweit ein. In den Bereichen Energie und Wasserversorgung, Verkehr, Telekommunikation vergeben Bundesländer, Städte und Gemeinden ihre Aufträge nicht einfach an den nächstliegenden Lieferanten von Strom und Wasser, Eisenbahnen und Telefonnetzen, sondern suchen europaweit nach dem besten und kostengünstigsten Anbieter.

Zoll

Zölle waren schon im Mittelalter ein wirksames Mittel, um am Handel mit den Nachbarländern zu verdienen und damit die Staatskassen zu füllen. Zölle wurden aber auch als Handelsbarrieren erhoben, damit nicht billige Waren aus dem Ausland die heimischen Märkte überschwemmten und die eigene Industrie in Schwierigkeiten brachten. Doch inzwischen haben fast alle Länder erkannt, dass sie vom Handel und Warenaustausch profitieren. Deshalb werden die Zölle weltweit gesenkt. Innerhalb der EU wurden sie sogar ganz abgebaut, um den Handel zwischen den Mitgliedsländern zu fördern.

ren und reglementieren zu wollen. Aber was übertrieben erscheint, hat schon einen Sinn: Normen und Standards beschreiben eindeutig die Eigenschaften eines Produkts. Normen sind mit der Entwicklung einer gemeinsamen Sprache vergleichbar, mit der man sich über Produkte und ihre Qualität unmissverständlich verständigen kann. So wird etwa das Obst normiert, damit ein deutscher Händler weiß, welche Güteklasse er einkauft und welche Preise er vergleichen muss, egal ob es sich um Weintrauben aus Griechenland, Italien oder Österreich handelt.

Inzwischen hat auch die EU erkannt, dass es endlos dauern würde, wenn man alles bis ins Kleinste regulieren würde. Es wird nicht mehr für jedes Produkt alles genau festgelegt. Man einigt sich auf Mindestanforderungen, die eine Ware erfüllen muss. Dadurch können Güter zum Beispiel ihre landestypischen Eigenschaften behalten.

Sehr wichtig sind auch Sicherheitsstandards und die gegenseitige Anerkennung von Testverfahren. Ob ein Auto in Schweden, Spanien oder Deutschland gebaut wird, es muss genauso sicher sein. Dazu gibt es Vorschriften über die Leistungsstärke der Scheinwerfer und Bremsen, die Anbringung der Gurte, aber auch Umweltschutzvorschriften wie die zulässige Höhe des Schadstoffausstoßes in den Abgasen.

Dabei sind die Normen noch längst nicht in allen Bereichen europaweit harmonisiert: Auf Urlaubsreisen kann man das beobachten, wenn man zum Beispiel einen Adapter für die Steckdose braucht. Auch auf anderen Gebieten gibt es Unterschiede: zum Beispiel den Linksverkehr im Vereinigten Königreich und in Irland. Für die Autoindustrie bedeutet das, dass für diese Länder immer ein eigenes Modell mit Fahrersitz und Lenkrad auf der rechten Seite hergestellt werden muss.

Im Europäischen Binnenmarkt können sich Personen frei bewegen. Waren, Geld und Dienstleistungen können über die Grenzen hinweg ausgetauscht werden.

Können alle Verbraucher von der EU profitieren?

Die europäischen Normen und Sicherheitsstandards erlauben es den Herstellern, ihre Produkte nur ein Mal testen lassen zu müssen, um sie dann europaweit zu verkaufen. Damit können wesentlich größere Stückzahlen hergestellt werden. Dies macht die Produktion sehr viel billiger als wenn für jedes Land unterschiedliche Normen gelten und die Produkte jeweils ganz anders beschaffen sein müssten. Erst durch diese Vereinheitlichung erreichen europäische Unternehmen Kostenvorteile in der Produktion, wie sie zum Beispiel Firmen in den USA durch ihren Binnenmarkt von 270 Millionen Menschen schon lange genießen.

Die Größe des Europäischen Binnenmarktes, der mit 375 Millionen Menschen noch größer ist als der Binnenmarkt der USA, kommt dem Verbraucher unmittelbar zugute: Er kann zwischen verschiedenen Herstellern wählen, sich das beste Angebot aussuchen und sicher sein, dass das Produkt getestet wurde.

Gibt es einen fairen Wettbewerb in der EU?

Damit die Verbraucher immer genügend Auswahl bei ihren Einkäufen haben, sorgt das Wettbewerbsrecht dafür, dass sich Branchen und Firmen keine unfairen Vorteile verschaffen. Das Wettbewerbsrecht verbietet Preisabsprachen zwischen Herstellern. Das heißt, Firmen dürfen nicht untereinander ausmachen, zu welchen Preisen sie ihre Waren oder Leistungen anbieten. Jeder muss im Wettbewerb mit dem anderen stehen und daher den günstigsten Preis, der für ihn möglich ist, anbieten.

Es darf auch kein Unternehmen seine marktbeherrschende Stellung missbrauchen. Zusammenschlüsse von Unternehmen (so genannte Fusionen) werden nur dann genehmigt, wenn die europäischen Verbraucher immer noch zwischen mehreren Anbietern wählen können und nicht einem einzigen, also einem Monopol-Anbieter, und dessen hohen Preisen ausgeliefert sind.

Auch staatliche Beihilfen (Subventionen) werden durch die Euro-

Solche Rammschutzbügel wird es ab 2002 bei Geländewagen nicht mehr geben. Sie haben bei Unfällen viele Kinder schwer verletzt und wurden deshalb von der EU verboten.

CE-Zeichen

Das Certificat Européenne weist als CE-Zeichen zum Beispiel bei Kinderspielzeug und Haushaltsgeräten nach, dass ein Produkt den europäischen Sicherheitsbestimmungen entspricht.

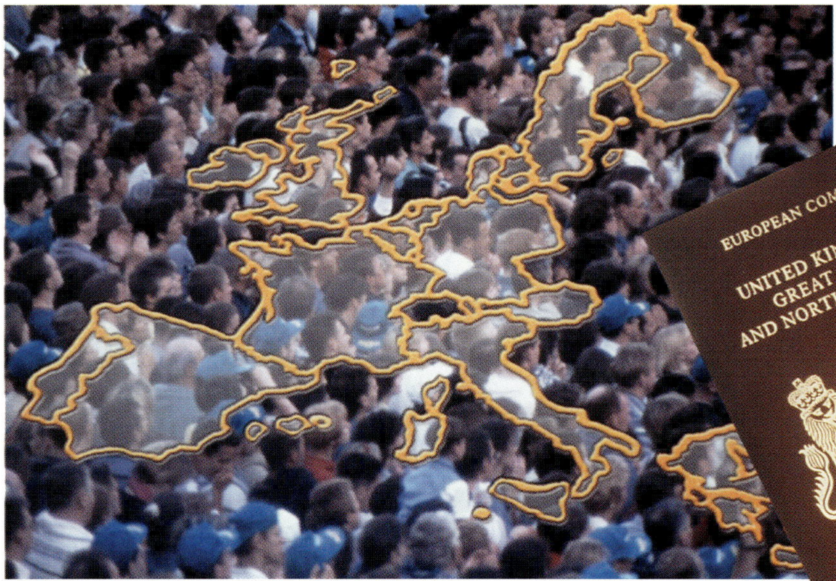

Mit dem Reisepass können die Bürger der Mitgliedsländer innerhalb der EU problemlos verreisen, in ein anderes Land umziehen oder sich dort eine Ausbildungs- oder Arbeitsstelle suchen.

Schüler, Auszubildende und Studenten in der EU

Die EU fördert den Austausch von Studenten und die gegenseitige Anerkennung von Studien- und Berufsabschlüssen.

Damit sich bereits die europäische Jugend besser kennen lernt, gibt es eine ganze Reihe von Programmen für Schüler, Studenten und Auszubildende. Das „Leonardo da Vinci"-Programm fördert eine bessere berufliche Ausbildung. Es ermöglicht den Austausch von Studenten, Praktikanten und Ausbildern und vermittelt grenzüberschreitende Betriebspraktika. Das Programm „Sokrates" enthält drei Teilprogramme: „Comenius" fördert Schulpartnerschaften, „Erasmus" gewährt Stipendien für Studenten, die bis zu zwölf Monate in ein anderes EU-Land gehen wollen, und „Lingua" verbessert die Sprachkenntnisse durch gezielte Austauschprojekte.
Unter europa.eu.int/comm/education/progr.html kann man sich im Internet über verschiedene Projekte informieren.

Das Europäische Patentamt

Patent

Der europäische Markt ist auch für technische Innovationen attraktiv. Eine Erfindung kann beim Europäischen Patentamt in München für ein oder mehrere europäische Länder als Patent angemeldet werden. Dadurch kann sich der Entwickler vor unberechtigten Nachahmern schützen.

päische Kommission in Brüssel kontrolliert, damit nicht einzelne Staaten ihren Unternehmen durch Gelder oder andere Hilfen unfaire Vorteile verschaffen.

Stellt sich heraus, dass ungerechtfertigte Beihilfe gewährt wurde, müssen die Firmen hohe Strafen zahlen. Für das betroffene Unternehmen ist das oft schwer: Es wurde ja unterstützt, weil es sich in Schwierigkeiten befand. Oft stützen Regionen ihre Firmen, um Arbeitsplätze zu erhalten. Aus Sicht der betroffenen Region oder des Betriebs ist diese Absicht gut zu verstehen. Mit Blick auf den Europäischen Binnenmarkt führt sie aber zu einem teuren Wettlauf um Subventionen.

Unternehmen hilft eine Subvention meist nur für kurze Zeit. Um am Markt erfolgreich sein zu können, müssen Firmen ständig die Wünsche ihrer Kunden beobachten und neue Produkte und Verfahren entwickeln, um im Wettbewerb zu bestehen. Der härtere Wettbewerb trifft die Firmen und Branchen am stärksten, die bisher noch wenig mit internationaler Konkurrenz zu tun hatten. Was dem Kunden zugute kommt – günstigere Preise und eine größere Auswahl – bedeutet für viele Firmen den Verlust von Aufträgen. Einsparungen sind nötig und oft auch Entlassungen von Mitarbeitern. Doch an anderer Stelle entstehen neue Arbeitsplätze – solange die Wirtschaft in der EU insgesamt wächst.

Kann ich überall in der EU leben und arbeiten?

Jeder Bürger eines EU-Mitgliedslandes kann sich in Europa frei bewegen. Die Kontrollen an den Binnengrenzen wurden weitgehend abgeschafft. Bei Reisen innerhalb Europas genügt es, den Personalausweis oder Reisepass bei sich zu haben.

Jeder kann in einem anderen Land der EU leben und sich dort eine Arbeitsstelle suchen. Nur bestimmte Bereiche des öffentlichen Dienstes (Diplomatischer Dienst, Polizei, Justiz, Streitkräfte und Ähnliches) sind davon ausgenommen. Bisher nehmen nur recht wenige EU-Bürger diese Möglichkeiten wahr: In Deutschland leben nur etwa zwei Millionen Menschen aus anderen EU-Staaten, in Frankreich sind es nur wenig mehr.

Genauso wie die Bürger können auch Unternehmen überall in der EU tätig werden. Diese Niederlassungsfreiheit geht noch einen Schritt weiter als die Abschaffung der Zölle und Grenzkontrollen: Unternehmen können nicht nur in die anderen europäischen Staaten liefern, sondern dort auch Produktionsstätten und Vertriebsniederlassungen gründen.

Was hat sich durch den Euro verändert?

Was ist „Euroland“?

Mit dem Begriff Währung bezeichnet man das Geld eines Landes und die Ordnung seines Geldwesens. „Euroland“ besteht aus zwölf Staaten: Belgien, Deutschland, Finnland, Frankreich, Griechenland, Irland, Italien, Luxemburg, den Niederlanden, Österreich, Portugal und Spanien. Diese Länder haben seit dem 1. Januar 2002 den Euro als Zahlungsmittel. Bei Reisen in eines der Mitgliedsländer ist seitdem kein Geldumtausch mehr nötig – man kann dort genau wie zu Hause mit den Euro-Münzen und -Banknoten bezahlen. Euroland ist eine Währungsunion.

Wozu braucht die EU eine gemeinsame Währung?

Ursprünglich hatte jedes Land in Europa seine eigene Währung: Deutschland die D-Mark, Österreich den Schilling, Italien die Lira, Spanien die Peseta, Frankreich den Franc, ... Wer durch Europa reiste, der brauchte für jedes Land eine andere Währung. Da kamen ganz schön viele Münzen und Scheine zusammen! Allen, die Geschäfte mit den europäischen Nachbarländern machten, ging es nicht besser. Sie mussten zwar nicht immer Bargeld umtauschen, sondern konnten das Geld durch die Banken überweisen lassen. Aber auch das war kompliziert und dauerte. Schwankende Wechselkurse führten außerdem zu unerwarteten Gewinnen oder Verlusten. Wer 1994 in Italien Urlaub machte, der bekam für eine DM oder sieben ÖS noch 1 005 Lire. Ein Jahr später wurden dafür 1 133 Lire umgetauscht – gut für Touristen. Man konnte aber nicht darauf vertrauen, dass sich der Wechselkurs in eine bestimmte Richtung entwickelte. 1996 sank der Umtauschwert unter 1 000 Lire. Für Händler, bei denen es nicht um den Wert einer Pizza, sondern zum Beispiel um einen ganzen LKW voller tiefgefrorener Pizzas geht, war das noch viel schlimmer. Sie konnten selbst dann nicht genau kalkulieren, wenn ihnen der italienische Geschäftspartner einen festen Preis nannte. Denn der Wechselkurs der Lira schwankte ständig und bei großen Summen machen schon kleine Veränderungen viel aus. Geschäfte mit den europäischen Partnern waren wegen des Wechselkursrisikos schwierig.

Deutschland hatte mit der Deutschen Bundesbank immer schon eine strenge Hüterin der Währung. Es hatte nach dem Ersten Weltkrieg eine große Inflation mitgemacht: Da-

MITGLIEDSCHAFT

Neue Mitglieder können nur hinzukommen, wenn ihre Landeswährung und ihre Volkswirtschaft die Voraussetzungen für die Aufnahme erfüllen: Ein Staat darf nicht zu hoch verschuldet und die Landeswährung muss stabil sein. Nur die Länder werden aufgenommen, deren Wirtschaft reif für die Währungsunion ist. „Euroland“ bildet damit einen kleinen Kreis von Ländern mit gemeinsamer, stabiler Währung.

1923 kam es zu einer starken Inflation. Damals war das Geld schließlich so wertlos, dass Kinder mit den Scheinbündeln spielen durften. Man sagte auch, die Inflation frisst das Geld auf.

1 Euro entspricht:

40,3399 Belgische Francs
1,95583 Deutsche Mark
5,94573 Finnmark
6,55957 Französische Francs
340,750 Griechische Drachmen
0,787564 Irische Pfund
1936,27 Italienische Lire
2,20371 Niederländische Gulden
40,3399 Luxemburgische Francs
13,7603 Österreichische Schilling
200,482 Portugiesische Escudos
166,386 Spanische Peseten

Gegenstimmen

Dänemark hat sich in einer Volksabstimmung vorläufig gegen die Einführung des Euro ausgesprochen. Schweden und das Vereinigte Königreich wollen durch Volksentscheide darüber abstimmen lassen, ob und wann sie sich der Währungsunion anschließen. Das Vereinigte Königreich zum Beispiel musste durch das Fernbleiben von der Währungsunion und durch seinen hohen Pfund-Kurs starke wirtschaftliche Einbußen und Arbeitsplatzverluste hinnehmen. Dennoch sind der Wunsch nach Unabhängigkeit und die Zweifel am Erfolg einer gemeinsamen Währung in manchen Ländern (noch) groß.

mals wurde immer mehr Geld gedruckt, doch es gab kaum Waren dafür zu kaufen und ein Brotlaib kostete schließlich eine Million Reichsmark. Nach dieser Krise wussten die Deutschen, wie wichtig es ist, für ein stabiles Preisniveau zu sorgen. Mit ihrer strengen Geldpolitik gelang es der Deutschen Bundesbank seit 1948, die D-Mark zu einer stabilen, vertrauenswürdigen Währung zu machen. Die europäischen Nachbarländer waren von diesem Erfolg beeindruckt und richteten ihre eigene Geldpolitik zunehmend an diesem Vorbild aus. Schließlich wurde mit den Verträgen von Maastricht 1992 eine gemeinsame Geld- und Währungspolitik für die Europäische Union beschlossen. Die Europäische Zentralbank sollte künftig Hüterin der gemeinsamen Währung „Euro" sein. Sie ist nach dem Vorbild der Deutschen Bundesbank gestaltet: unabhängig von Weisungen der Regierungen und nur dazu verpflichtet, für eine ausreichende Geldversorgung und für die Stabilität des Geldwertes zu sorgen.

Zwölf der 15 EU-Mitgliedsstaaten bilden zusammen „Euroland".
Diese Länder bilden Euroland.
Diese Staaten gehören zur EU, beteiligen sich aber (noch) nicht an der Währungsunion.

Wann wurde der Euro geboren?

Die Geschichte des Euro beginnt lange vor dem 1. Januar 2002. Manche sagen, sie begann mit der Öffnung der Grenzen: Seit Waren und Reisende sich ungehindert über die Grenzen bewegen können, sind der Geldumtausch und die Wechselkursschwankungen lästig.

Daher wurde bereits 1979 vereinbart, dass die europäischen Währungen nur mehr innerhalb enger Bandbreiten (+/-2,25 Prozent) um einen bestimmten, vorher festgelegten Wechselkurs schwanken durften. Das Europäische Währungssystem (EWS) war entstanden. Zur Verrechnung innerhalb der EU wurde die europäische Währungseinheit ECU (European Currency Unit) geschaffen, der Vorläufer des heutigen Euro. Der ECU war zur Berechnung von Preisen wichtig, zum Beispiel auf dem Europäischen Markt für landwirtschaftliche Produkte, und zur Berechnung der Wechselkurse, die stets in Bezug auf den ECU ausgedrückt wurden. ECU-Banknoten und Münzen gab es aber nie. Als man 1992 beschloss, tatsächlich eine gemeinsame europäische Währung einzuführen, suchte man nach einem neuen Namen, der weniger technisch klang und zeigte, um was es ging: eine gemeinsame Währung für Europa. Der „Euro" (EUR) war geboren.

Vor der Einführung des Euro mussten Kunden erst Geld umtauschen, um Waren im Ausland erwerben zu können.

Ab 1. Januar 1999 waren die Wechselkurse der europäischen Währungen untereinander und im Verhältnis zur gemeinsamen, neuen Währung Euro so festgelegt, dass sie keinen einzigen Cent mehr abweichen durften. Der Euro war eigentlich schon zu diesem Zeitpunkt eingeführt. Man wollte der Bevölkerung aber zwei Jahre Zeit lassen, sich an die neue Währung zu gewöhnen. Ab Mitte 2001 mussten alle Preise in der jeweiligen Landeswährung und in Euro ausgezeichnet werden. Im Dezember 2001 begann die Ausgabe der Euromünzen und Banknoten, aber erst seit dem 1. Januar 2002 kann man mit dem Euro in Geschäften bezahlen.

Welche Vorteile hat der Euro?

Mit der Einführung einer gemeinsamen Währung haben die Bürger und Unternehmen in Euroland Sicherheit gewonnen. Umtauschprobleme und Wechselkursschwankungen gibt es nicht mehr. Preise und Zahlungen werden in Euro statt in D-Mark, französischen Francs, italienischen Lire, österreichischen Schillingen, spanischen Peseten oder holländischen Gulden verrechnet, um nur einige der Partnerwährungen zu nennen.

Damit werden die Preise innerhalb Europas direkt vergleichbar – in vielen Bereichen eine ganz neue Erfahrung: Man kann, ohne lang umzurechnen sehen, was ein Gericht auf der Speisekarte, eine CD oder ein Auto im Nachbarland kostet. Vielleicht ist es ja dort billiger als daheim?

Auf diese Weise wird der Europäische Markt für die Kunden deutlich sichtbar und man wird genauer prüfen, wo man in Europa was einkauft. Bei vergleichsweise billigen Produkten und kleinen Mengen wird es sich nicht lohnen, in ein anderes Land zu fahren, bei teuren Produkten oder größeren Mengen vielleicht aber schon. Gerade Unternehmen und Großhändler, die viel auf einmal einkaufen, werden ihre Lieferanten sehr genau nach Preis und Qualität auswählen. Deshalb rechnen Fachleute damit, dass sich die Preise in Europa recht rasch auf einem etwa gleichen Niveau einpendeln werden.

Die Wechselkurse können sich im ungünstigsten Fall täglich ändern. Ein Discman konnte im Umtauschverhältnis einmal 100 DM, ein andermal 106 DM kosten.

Scheine

Die Euro-Geldscheine gibt es in sieben Werten, von 5 bis 500 Euro. Sie sind in allen Ländern gleich: Die Vorderseite der Banknoten zeigt Fenster und Tore, die für Offenheit und die Zusammenarbeit in der Europäischen Union stehen. Die Rückseite zeigt Brücken, als Symbol der Verbindung zwischen den Ländern Europas und der ganzen Welt. Die gezeigten Bauwerke gibt es nicht wirklich, doch die Baustile erinnern an die europäische Geschichte.

Zentralbank

Die Europäische Zentralbank (EZB) in Frankfurt hat die Aufgaben übernommen, die vormals die Deutsche Bundesbank und die anderen nationalen Notenbanken für ihre Länder und Währungen wahrgenommen haben. Die EZB stellt durch ihre Geld- und Zinspolitik sicher, dass der Wirtschaft immer genug Geld zur Verfügung steht, sie sorgt aber auch dafür, dass unser Geld knapp und damit wertvoll bleibt.

Münzgeld

Die Euromünzen gibt es in acht Werten, von 1 Cent bis 2 Euro. Sie haben einheitliche Vorderseiten und verschiedene Ländersymbole auf den Rückseiten. Man kann jedoch mit allen Münzen überall bezahlen.

Farb- und Wasserzeichen, Hologramme, Spezialfolie, besonderes Papier und ein Spezialfaden machen die Geldscheine sehr fälschungssicher. Mehr über die Fälschungssicherung des Euro erfährst du im Internet auf der Homepage der Europäischen Zentralbank unter www.ecb.int oder unter www.aktion-euro.de.

Die bunten Farben der Scheine machen sie leicht unterscheidbar. Für Sehbehinderte sind gut tastbare Zeichen angebracht.

Portugals Euros tragen Siegel aus dem 12. Jahrhundert auf ihrem Rücken.

Ist der Euro stark oder schwach?

Seit Einführung des Euro wird sein Wechselkurs zu den großen Währungen der Weltwirtschaft, dem US-Dollar und dem japanischen Yen, gespannt beobachtet. Dieser Außenwert des Euro wird bestimmt von Angebot und Nachfrage, denn Geld wird auch gehandelt.

Ist die Nachfrage nach dem Euro groß, so steigt der Wechselkurs. Ist die Nachfrage nach einer Währung gering, wie es zum Beispiel im Jahr 2000 beim Euro der Fall war, so sinkt der Kurs einer Währung im Vergleich zu anderen. Die Nachfrage hängt davon ab, ob die Währung stabil ist, ob die Wirtschaft erfolgreich ist, und wie man die Entwicklung und Zukunft der wirtschaftlichen und politischen Situation eines Landes einschätzt. Das Vertrauen in eine Währung wächst zum Beispiel, wenn die Zahl der Arbeitslosen geringer wird, oder wenn Steuern gesenkt werden.

Die Wechselkurse sind ein wichtiges Mittel, damit die Wirtschaft ins Gleichgewicht kommt. Länder mit vergleichsweise „schwacher" Wirtschaft und niedrigem Wechselkurs können ihre Produkte zu günstigen Preisen in andere Länder ausführen – die EU konnte deshalb im Jahr 2000 besonders viel exportieren. Die Länder können sich dadurch oft schnell erholen und zu einem stabilen Wachstumskurs zurückfinden.

Der Euro hat in seiner kurzen Geschichte bereits starke Schwankungen erlebt und wird diese auch in Zukunft durchleben, denn sie sind eine normale Erscheinung in der Weltwirtschaft. Es ist die Aufgabe der EU-Politiker und der EU-Institutionen, allen voran der Europäischen Zentralbank, für einen stabilen Euro zu sorgen.

Ist die Wirtschaft eines Landes stark, verdienen die Menschen gut und können einkaufen gehen. Die Währung ist wertvoll.

Gibt es viele Arbeitslose und Unsicherheit, dann sinkt das Vertrauen in eine Währung.

Das Breydel-Gebäude ist der Sitz der Europäischen Kommission.

Das Justus Lipsius-Gebäude beherbergt den Rat der Europäischen Union.

Das Louise Weiss-Gebäude ist das Hauptquartier des Europäischen Parlaments.

Die Regierung der EU

Hat die EU eine eigene Regierung?

Die EU-Staaten sind in vielen Bereichen bereits sehr eng miteinander verflochten. Zwölf Länder haben sogar eine gemeinsame Währung: den Euro. Man könnte bei diesen Fortschritten in der europäischen Einigung an „Vereinigte Staaten von Europa" denken, ähnlich den USA, den United States of America, die als Union aus 50 Bundesstaaten eine gemeinsame Regierung in Washington D. C. haben. Die EU-Staaten verfügen jedoch über keine gemeinsame Regierung. Denn jeder EU-Staat hat eine lange Geschichte und eine eigene politische und kulturelle Tradition. In Europa hatte jedes Land schon eine eigene Regierung, eine eigene staatliche Organisation und ein eigenes Rechtssystem, lange bevor sich die Länder zu einer europäischen Union zusammengefunden haben.

Das macht es den Mitgliedsländern häufig so schwer, sich in europäischen Fragen zu einigen. Denn für die meisten Fragen gibt es in den Mitgliedsstaaten bereits Lösungen, die sich dort auch bewährt haben. Und natürlich hält jedes Mitgliedsland die eigene Lösung für die Beste (zumindest für das eigene Land) und ist nicht sofort bereit, sie zugunsten anderer, europäischer Modelle „über Bord zu werfen". Deshalb versucht man, Kompromisse zu finden – genauso, wie das bei verschiedenen Meinungen innerhalb einer Familie geschieht. Es werden Vorschläge gesammelt und das Beste aus allen Beiträgen zu einer gemeinsamen Idee vereinigt. Man lernt aus den Erfahrungen der Partnerländer und arbeitet an Lösungen, die für ganz Europa praktisch sind. Dass ein Kompromiss nicht immer die Ideallösung für alle sein kann, liegt auf der Hand. Doch das ist in einer Familie meist nicht anders. Wichtig ist, dass eine Lösung gefunden wird, die das Zusammenleben in der Gemeinschaft erleichtert.

Die Beratungen, Verhandlungen und das Verwirklichen von Lösungen müssen organisiert werden, dazu sind viele Behörden und Beamte nötig. Wenn man die Namen der Institutionen hört, die diese Aufgaben in der EU erfüllen, so klingen sie dann doch nach einer Art Regierung: Europäischer Rat, Europäischer Ministerrat, Europäische Kommission und Europaparlament.

Entscheidungen

Über die Geschicke der EU entscheiden die von den Bürgern gewählten Staats- und Regierungschefs aller Mitgliedsländer. Bei wichtigen Entscheidungen muss das Europaparlament, die Vertretung der europäischen Bürger, zustimmen. Auf welchen Gebieten man sich abstimmt, gemeinsame Lösungen erarbeitet oder gemeinsame Behörden schafft, ist in den Europäischen Verträgen festgelegt.

Das Zusammenspiel der EU-Mitglieder wird genau aufeinander abgestimmt.

Europäischer Gerichtshof

Europäischer Rechnungshof

Europäische Investitionsbank

Berlaymont

Das Berlaymont war lange Zeit Sitz der Europäischen Kommission und Wahrzeichen der europäischen Verwaltung. Es musste Anfang der neunziger Jahre aus baulichen Gründen aufgegeben werden.

Die Mehrzahl der 16 000 Bediensteten der Europäischen Kommission arbeitet in Brüssel. Doch auch in vielen anderen europäischen Großstädten, wie Berlin, Bonn, München und Wien, gibt es Vertretungen der Kommission. In den wichtigsten Partnerländern der EU (zum Beispiel in der Schweiz, in den USA, in Japan, China und der Russischen Föderation) ist die Kommission ebenfalls mit eigenen Büros vertreten.

Gibt es eine Hauptstadt der EU?

Es wäre ungerecht gewesen, wenn alle Institutionen der EU nur in einer Stadt errichtet worden wären, und man diese Stadt damit zu einer Art Hauptstadt der EU erhoben hätte. Auf diese Weise wäre ein Staat bevorzugt worden und das hätte nicht die Zustimmung der Mitgliedsländer gefunden. Daher befinden sich die Behörden der EU in vielen verschiedenen europäischen Städten.

So ist Brüssel der Sitz der Europäischen Kommission, und auch die Mitglieder des Europaparlaments beraten sich dort in Ausschüssen. Immer öfter finden auch die regulären Sitzungen des gesamten Europaparlaments in Brüssel statt. Doch mindestens eine Woche im Monat tagt das Europaparlament in seinem neu errichteten Gebäude in Straßburg. Das Generalsekretariat des Europaparlaments ist in Luxemburg. Die verschiedenen Orte haben dem Europaparlament auch schon den Beinamen „Wanderzirkus“ eingebracht, doch hinter dieser Aufteilung steckt Rücksichtnahme, denn kein Land möchte zu kurz kommen. Der Europäische Gerichtshof befindet sich in Luxemburg, das auch den Europäischen Rechnungshof und die Europäische Investitionsbank beherbergt. In Deutschland, genauer gesagt in Frankfurt, befindet sich die Europäische Zentralbank.

Die wichtigsten europäischen Institutionen befinden sich in Brüssel, Luxemburg, Straßburg und Frankfurt.

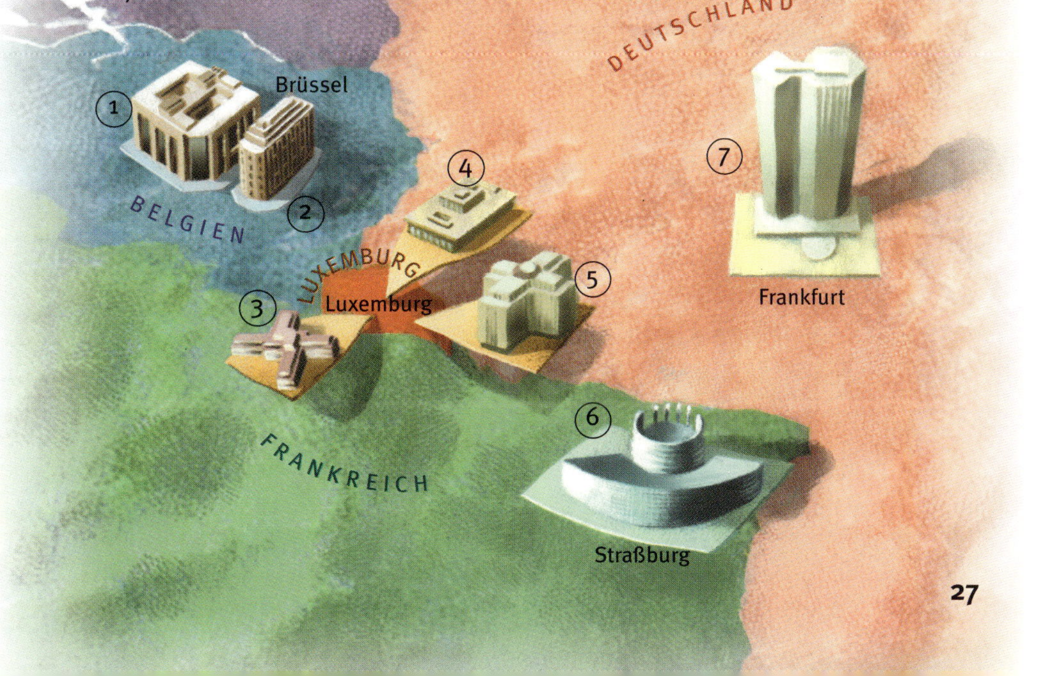

1 Rat der EU
2 Europäische Kommission
3 Europäische Investitionsbank
4 Europäischer Gerichtshof
5 Europäischer Rechnungshof
6 Europäisches Parlament
7 Europäische Zentralbank

Der Sitzungssaal des Europäischen Parlaments. Bei wichtigen Entscheidungen muss das Europäische Parlament, die Vertretung der Bürger, zustimmen.

Repräsentant

Offizieller Vertreter der EU nach außen ist der Ratspräsident – also der Vorsitzende des Rats der europäischen Staats- und Regierungschefs. Die Ratspräsidentschaft wechselt alle sechs Monate nach einem festgelegten Plan von einem EU-Mitgliedsland zum anderen. Um für gleiche Ansprechpartner in der EU-Außenpolitik zu sorgen, gibt es einen EU-Kommissar für Außenbeziehungen. In der Handelspolitik wird die EU, und mit ihr der Europäische Binnenmarkt, vom EU-Handelskommissar vertreten.

Wie einigen sich die Staaten untereinander?

Bei den Abstimmungen bilden sich meist Gruppen von Staaten mit gleicher oder ähnlicher Interessenlage. Während für Deutschland zum Beispiel die europäische Osterweiterung von zentraler Bedeutung ist, liegen die Interessen unserer südlichen Nachbarn naturgemäß mehr im Mittelmeerraum.

Entsprechend unterschiedlich sind die Meinungen, was zum Beispiel die finanzielle Hilfe für die Beitrittskandidaten angeht. Oft wird die Zustimmung in einigen Fragen von Zugeständnissen in anderen Fragen abhängig gemacht. So sorgt sich Spanien um die EU-Finanzmittel für sein Land und forderte mit Erfolg einen Ausgleich für seine Zustimmung zur EU-Osterweiterung. Auch in den ostdeutschen Grenzgebieten wird um die Höhe der Förderung angesichts des Wettbewerbsdrucks aus Mittel- und Osteuropa gebangt. Diese Beispiele zeigen, wie sehr trotz aller Fortschritte in der europäischen Einigung jeder zunächst seine eigenen Interessen vertritt. Doch Verhandlungen darüber, was für Europa wichtig und für jedes Land am besten ist, gehören zum politischen Einigungsprozess und helfen, ausgewogene Entscheidungen zu treffen.

Gipfeltreffen

Bei so genannten Gipfeltreffen kommen die Mitglieder des Europäischen Rats in wechselnden europäischen Städten zusammen. Aufgabe der Staats- und Regierungschefs ist es, die Ziele der gemeinsamen Politik festzulegen und Leitlinien für die Arbeit des Europäischen Ministerrats zu erstellen.

Nachdem ein neues Transfersystem im europäischen Fußball beschlossen wurde, signieren europäische Staats- und Regierungschefs für die Kameras Fußbälle. Auch Sport ist also Thema der hohen Politik – und eignet sich besonders dann für die Presse, wenn in anderen Fragen keine Einigung erzielt werden konnte.

Die EU ist in fast allen Politikfeldern aktiv. Neben den dargestellten Bereichen gibt es noch die Gebiete Beschäftigung und Soziales, Bildung und Kultur, Energie, Fischerei, Verbraucherschutz, Informationsgesellschaft, Regionalpolitik, Steuern und Zollunion und Wettbewerb.

Ausschüsse

Der Wirtschafts- und Sozialausschuss setzt sich aus Vertretern der unterschiedlichen Interessengruppen in Europa zusammen: Arbeitgeber, Arbeitnehmer sowie Landwirte, Verkehrsfachleute, Verbraucher und Umweltverbände. Er gibt zu wichtigen EU-Rechtsvorschriften Stellungnahmen ab, die in die Beschlussfassung eingehen. Der Ausschuss der Regionen umfasst die Vertreter der lokalen und regionalen Gebietskörperschaften in Europa. In Deutschland und Österreich sind das die Vertreter der Bundesländer, in anderen Ländern aber auch Bürgermeister großer Städte oder Bezirke. Sie bringen die unmittelbare Erfahrung aus ihren Ämtern ein und sorgen für Bürgernähe.

Wer steht an der Spitze der EU?

Das höchste Entscheidungsgremium der EU ist der Europäische Rat, bestehend aus den europäischen Staats- und Regierungschefs (in Deutschland und Österreich ist das beispielsweise der Bundeskanzler). Sie stimmen über wichtige Fragen, zum Beispiel über Finanzierungsfragen und über die Außenpolitik, ab.

Die Treffen der Staats- und Regierungschefs finden mindestens zweimal im Jahr statt, und zwar jeweils in dem Land, das gerade die EU-Ratspräsidentschaft innehält.

Diese Ratspräsidentschaft wechselt nach einem festgelegten Plan alle sechs Monate von einem Mitgliedsland zum nächsten. Wichtigste Aufgabe der Ratspräsidentschaft ist es, die Dinge voranzubringen. Das bedeutet praktische Lösungen vorzubereiten, die für alle Mitgliedsländer akzeptabel sind. Denn werden die Vorschläge nicht einstimmig oder mit qualifizierter Mehrheit angenommen, dann muss erneut beraten und verhandelt werden.

Zweitwichtigstes Gremium ist der „Rat der Europäischen Union", der auch „Europäischer Ministerrat" genannt wird. In ihm beraten die Minister aus den 15 Mitgliedsstaaten über Fragen, die ihr Aufgabengebiet betreffen. So kommen zum Beispiel die Landwirtschaftsminister aller EU-Länder zusammen, um über die Agrarpolitik zu beraten. Sie legen Preise für Produkte fest oder beschließen gemeinsame Aktionen zur Bekämpfung von Tierseuchen. Oder es treffen sich die Wirtschafts- und Finanzminister, um Themen, die den Binnenmarkt oder den Euro betreffen, zu diskutieren.

Im Europäischen Ministerrat ist es inzwischen nicht mehr notwendig, alles einstimmig zu beschließen. Nur bei sehr wichtigen Beschlüssen, zum Beispiel in der Steuerpolitik, müssen alle zustimmen. Bei vielen Beschlüssen genügt eine einfache Mehrheit. Dabei zählt nicht allein die Mehrheit der Minister, sondern es muss auch die Bevölkerungszahl der Länder, aus denen die Minister kommen, die Mehrheit ergeben.

Was macht die EU-Kommission?

Die Europäische Kommission zählt 20 Kommissare, je zwei aus den großen, je einer aus den kleineren EU-Ländern. Insgesamt arbeiten 16 000 Menschen bei der Europäischen Kommission. Das allein ist schon ein Zeichen für die Vielzahl der Aufgaben, die von dieser Institution zu bewältigen sind.

Die Europäische Kommission ist der „Motor" und die „Hüterin" der EU. Der „Motor" sorgt dafür, dass Beratungen und Entscheidungen auch in die Tat umgesetzt werden. Die Europäische Kommission erarbeitet die Gesetzestexte, über die dann abgestimmt wird. Damit die Gesetze den Interessen der gesamten Union und ihrer Bürger entsprechen, befragt die Kommission Experten aus Regierungen, Industrie und Gewerkschaften, Verbraucherschutz und weiteren Interessengruppen. Stimmen der Europäische Ministerrat und das Europaparlament den Gesetzesentwürfen zu, dann sorgt die Kommission dafür, dass die Gesetze in die Praxis umgesetzt und in den Mitgliedsstaaten korrekt angewendet werden. Daher kommt die Bezeichnung „Hüterin".

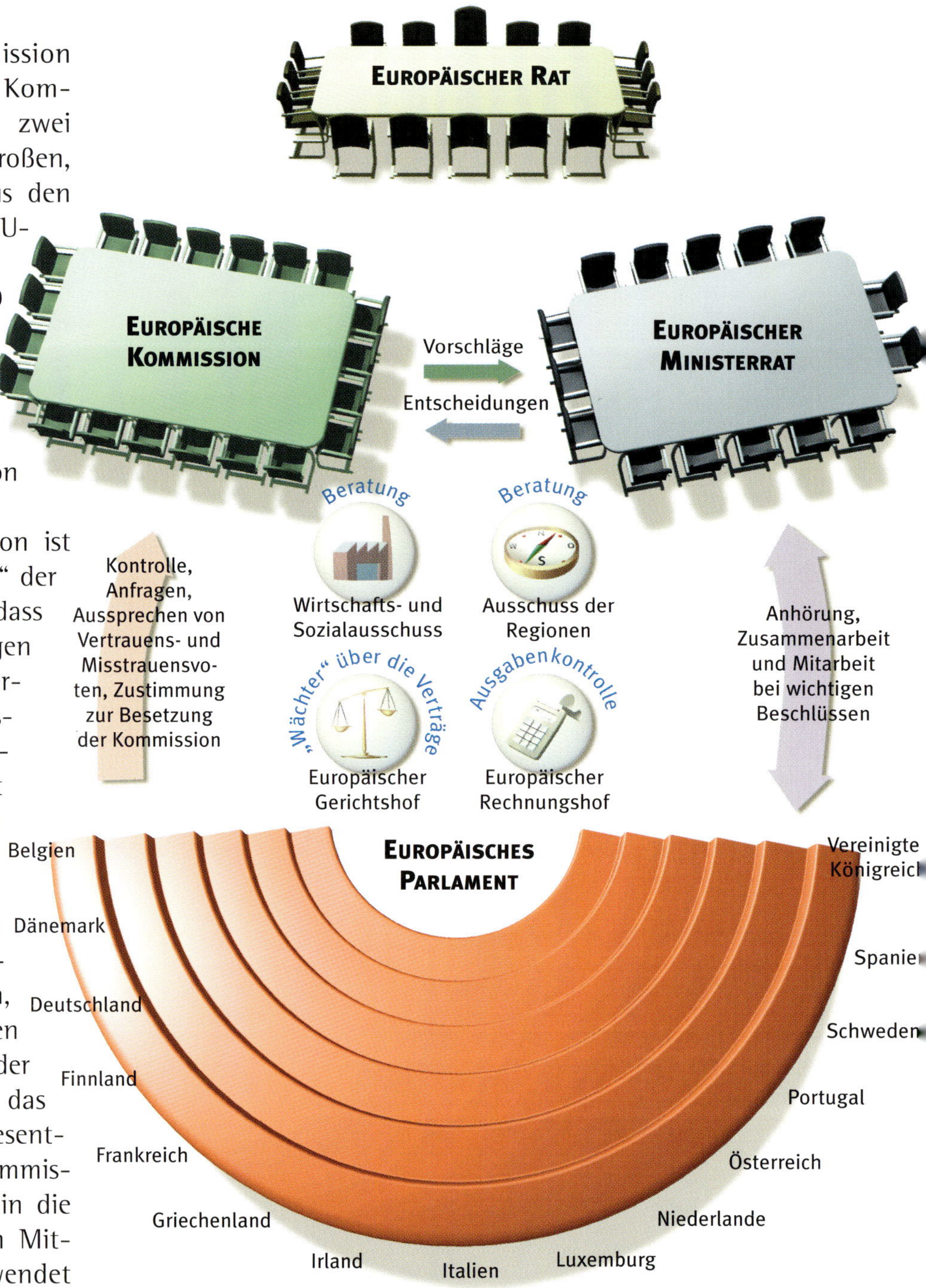

Worüber entscheidet das Europäische Parlament?

Das Europäische Parlament, kurz „Europaparlament" genannt, vertritt die Interessen der 375 Millionen Bürger der EU. Die Rolle des Europäischen Parlaments wurde im Lauf der Jahre immer mehr gestärkt. Zunächst durfte das Europaparlament nur seine Meinung zu Gesetzesentwürfen der Europäischen Kommission sagen, es wurde „angehört".

In vielen Bereichen kann es heute aber an Gesetzesentwürfen mitarbeiten, zum Beispiel bei der Förderung von wirtschaftlich schwachen Regionen. In einigen Bereichen kann ein Beschluss ohne Zustimmung des

Prüfung

Kontrolleur der EU ist der Europäische Rechnungshof in Luxemburg. Er prüft die Einnahmen und Ausgaben. Die Kosten der EU-Verwaltung sind mit einem Anteil von fünf Prozent im Vergleich zum Haushalt der einzelnen europäischen Staaten relativ gering.

Europaparlaments nicht in Kraft treten, zum Beispiel wenn es um den Beitritt eines neuen Mitglieds geht.

Das Europaparlament überwacht die Ausgaben der EU und wird angehört, bevor mit dem Präsidenten und den Kommissaren die Leitung der Europäischen Kommission bestimmt wird.

Wer sitzt im Europäischen Parlament?

Das Europäische Parlament wird seit 1979 alle fünf Jahre von den Bürgern der EU direkt gewählt. Fast 100 politische Parteien sind darin vertreten. Da sich die politischen Parteien in den europäischen Ländern ähnlich sind, kann man sie aufgrund ihres Programms in acht Gruppen, die so genannten Fraktionen, zusammenfassen. Stärkste Fraktion ist nach den Wahlen von 1999 die Europäische Volkspartei, die sich auch „Europäische Demokraten" nennt (aus Deutschland und Österreich sind die Parlamentarier von CDU, CSU und ÖVP hier Mitglied). Zweitstärkste Fraktion ist die Sozialdemokratische Partei Europas (die europäische Heimat der deutschen SPD und der österreichischen SPÖ). Weiterhin sind die Liberalen, die Grünen, die Vereinigte Europäische Linke, die Parteilosen und sogar Gegner weiterer Fortschritte in der Europäischen Einigung hier vertreten.

Die parlamentarische Arbeit findet neben den großen Sitzungen vor allem in so genannten Ausschüssen statt. Das sind kleinere Gruppen von Parlamentariern, die sich mit den 20 großen Themenfeldern der EU befassen: von der Landwirtschaft bis zur gemeinsamen Außen- und Sicherheitspolitik, vom Verbraucherschutz bis zur Industriepolitik und Telekommunikation, von Menschen- und Bürgerrechtsfragen bis zur Entwicklungszusammenarbeit.

Kontrolle

Die Europäische Kommission verwaltet die Finanzmittel der Europäischen Union. Dabei geht es um sehr viel Geld. Als 1999 der Verdacht aufkam, einzelne Mitglieder der Kommission hätten Bestechungsgelder angenommen oder nicht genug zur Aufklärung von Unregelmäßigkeiten bei der Mittelvergabe getan, trat die Spitze der Europäischen Kommission geschlossen zurück. Die 20 Kommissarsposten wurden neu besetzt und ein neues Amt für Betrugsbekämpfung wurde geschaffen.

Jugendparlament

Zweimal im Jahr kommen Schülerdelegationen aus den 15 EU-Ländern und Gastdelegationen aus anderen europäischen Staaten in jeweils wechselnden Städten zusammen. Bei den Tagungen des Europäischen Jugendparlaments (EYP) können sich die Teilnehmer bei Spielen und Kommunikationsübungen besser kennen lernen und erarbeiten gemeinsam in Ausschüssen Resolutionen zu politischen Themen, etwa aus den Bereichen Menschenrechte, Umweltschutz oder Sozialpolitik.

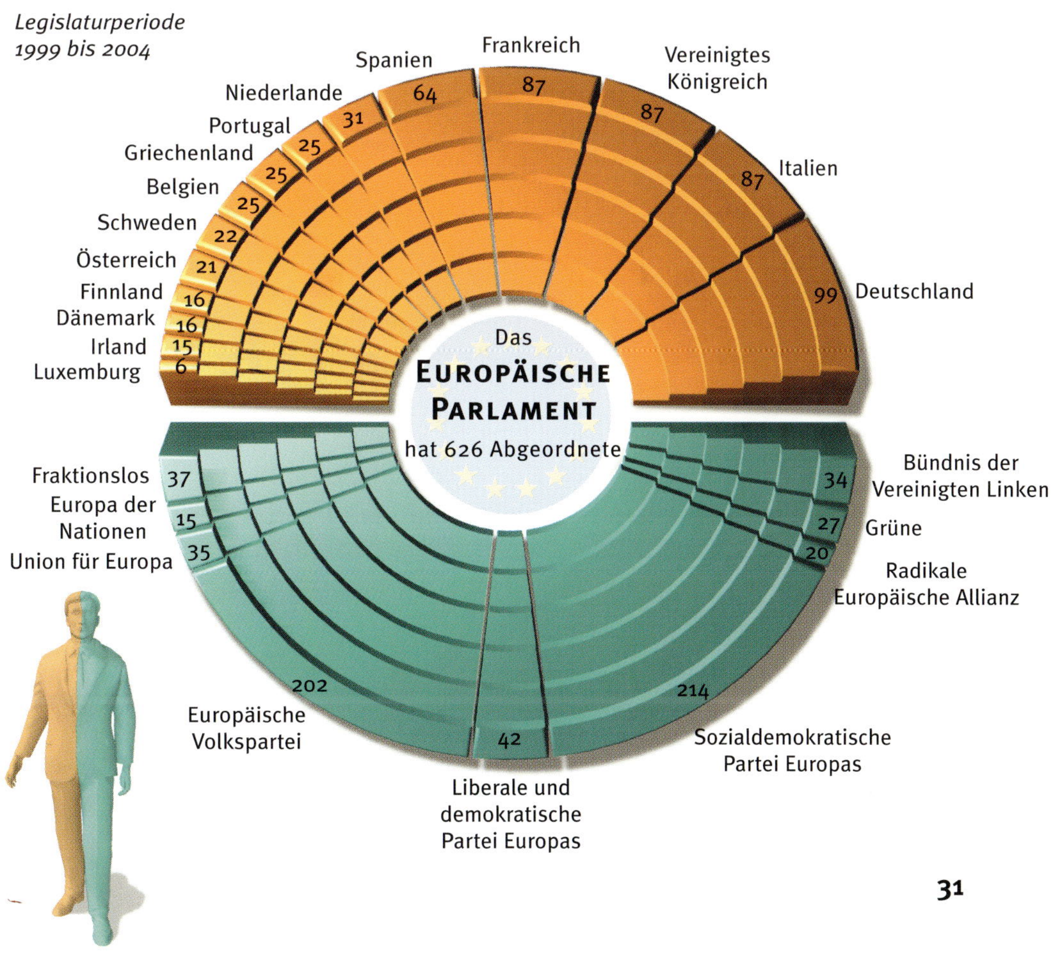

Die Abgeordneten des Europaparlaments vertreten zugleich ihr Land und ihre Partei.

Die Richter des Europäischen Gerichtshofes tagen in Luxemburg.

Worüber richtet der Europäische Gerichtshof?

Der Europäische Gerichtshof besteht aus 15 Richtern und neun Generalanwälten. Sie werden von den Mitgliedsstaaten für eine Amtszeit von sechs Jahren ernannt. Der Gerichtshof entscheidet bei Streitigkeiten über die Auslegung der EU-Verträge, Verordnungen und Richtlinien.

Erfüllt ein EU-Mitgliedsland seine Verpflichtungen, die es durch den EU-Vertrag hat, nicht, kann die Europäische Kommission diesen Fall vor den Europäischen Gerichtshof bringen. Das geschieht zum Beispiel dann, wenn ein Mitgliedsland eine EU-Richtlinie nicht oder nicht rechtzeitig zu Gesetzen des eigenen Landes macht.

Deutsche Soldaten waren mit dem Eurokorps im Kosovo eingesetzt. Die EU arbeitet eng mit der NATO zusammen. Militärisch tritt die EU nur in Aktion, wenn die NATO als Ganzes nicht handeln will oder kann.

Hat die EU eine eigene Armee?

Die gemeinsame Außen- und Sicherheitspolitik wird für die Zusammenarbeit der EU-Mitgliedsländer immer wichtiger werden. Es geht dabei um die Friedenssicherung und die Stärkung von Demokratie und Rechtsstaatlichkeit sowie um die Achtung der Menschenrechte und die Grundfreiheiten. In den Zielen sind sich alle einig, dennoch lassen sich Fortschritte in der gemeinsamen Außen- und Sicherheitspolitik nur sehr langsam erreichen. Für jeden EU-Mitgliedsstaat zählt dieser Bereich auch zu den Wichtigsten im eigenen Land. Da trifft man die Entscheidungen am liebsten allein. Die EU-Länder versuchen trotzdem, sich frühzeitig abzusprechen und gemeinsame Standpunkte zu finden.

Erfolg und Problematik in den Fragen der Außen- und Sicherheitspolitik zeigt die EU-Truppe: Nach den Erfahrungen des Jugoslawien-Krieges wuchs in der EU der Wunsch, auch militärisch handlungsfähig zu sein. Daher wurde eine eigene EU-Truppe zum Eingreifen in Krisengebieten geschaffen, die jedoch gemeinsam mit den Partnern im Nordatlantischen Verteidigungsbündnis (NATO) agiert. Sie wird weiterhin eine zentrale Rolle bei der territorialen Verteidigung Europas spielen. Die Sicherung des Friedens und der Demokratie in Mazedonien war für alle EU-Mitgliedsländer eine wichtige Aufgabe der EU-Truppe.

NATO

Die NATO („North Atlantic Treaty Organisation") wurde 1949 von den USA, Kanada und zahlreichen europäischen Ländern als Verteidigungsbündnis gegründet. Die Westeuropäische Union (WEU), das Verteidigungsbündnis zwischen dem Vereinigten Königreich, den Niederlanden, Belgien, Luxemburg, Deutschland und Italien, ist seit 1954 Teil der NATO. Die in der NATO zusammengeschlossenen Länder verpflichten sich zu gegenseitiger Hilfe bei militärischen Angriffen, wie zum Beispiel nach den Flugzeugattentaten in New York und Washington am 11. September 2001.

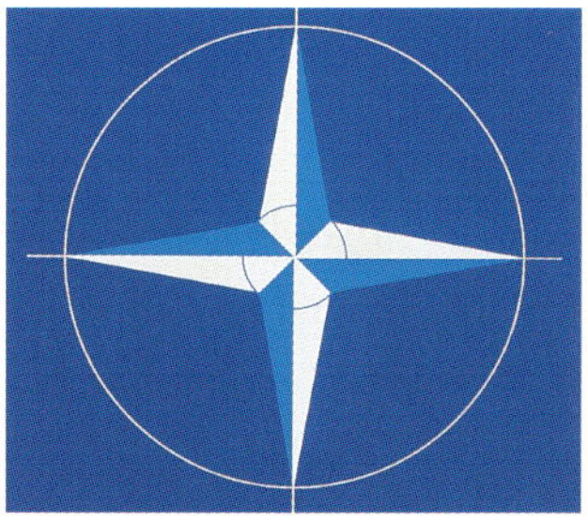

Die Flagge der NATO

Menschen und Sprachen in der EU

Die Kinder von EU-Mitarbeitern lernen oft einige europäische Städte hautnah kennen. In den europäischen Schulen werden einzelne Fächer in der Zweit- und Drittsprache unterrichtet. In der Pause unterhalten sich alle meist „international“.

Wer arbeitet für die EU?

Wenn Rundfunk, Zeitungen oder Fernsehen von den Treffen der Staatschefs oder Minister berichten, dann ist selten davon die Rede, wie viele Menschen im Hintergrund mit der Vor- und Nachbereitung von EU-Entscheidungen beschäftigt sind.

In den EU-Institutionen arbeiten insgesamt mehr als 25 000 Beamte. Sie werden nach einem genau geregelten Verfahren ausgewählt, an dem jeder europäische Bürger teilnehmen kann. Gesucht werden die verschiedensten Tätigkeitsfelder: vom Kantinenpersonal und der Fahrbereitschaft über Büro- und Sekretariatsstellen bis hin zum hochrangigen Experten, der im Auftrag der EU Gesetzestexte ausarbeitet oder an Verhandlungen teilnimmt. Stellenausschreibungen für alle Posten werden in den Amtsblättern der EU, in den EU-Nachrichten und auch im Internet veröffentlicht. Jeder, der die dort genannten Voraussetzungen erfüllt, kann sich bewerben und am Auswahlverfahren (dem so genannten Concours) teilnehmen. Jedes Mitgliedsland wird nach seiner Bevölkerungszahl durch entsprechend viele EU-Beamte vertreten.

In welche Schule gehen Kinder von EU-Mitarbeitern?

Wer für eine der europäischen Institutionen arbeitet, verlegt meist seinen Wohnsitz an den Ort dieser Behörde. An den Hauptstandorten wie Brüssel, Luxemburg, Straßburg oder Frankfurt wurden Europäische Schulen eingerichtet. Dort wird in verschiedenen Sektionen in der Muttersprache und nach dem Lehrplan des Heimatlandes unterrichtet. Bereits in der ersten Klasse wird eine zweite Sprache gelehrt und ab der dritten Klasse stehen gemeinsame „Euro-Stunden“ (Basteln, Spiele, Projekte) für Kinder aus allen Sprachsektionen auf dem Lehrplan. Ab der Sekundarstufe (6. Klasse) werden zum Beispiel die Fächer Geschichte und Geogra-

Schule

In Europa sind die Schulsysteme und Lehrpläne noch sehr unterschiedlich. In den meisten Ländern kommen die Kinder bereits mit fünf Jahren in die Schule und haben mit 16

Jahren ihren ersten Schulabschluss und mit 18 Jahren die Hochschulreife. Die tägliche Schulzeit beginnt häufig um neun Uhr und dauert bis in die Nachmittagsstunden. So kommen Kinder in England, Frankreich und Belgien meistens gegen 16 Uhr aus der Schule.

phie in der ersten Fremdsprache unterrichtet. Dadurch lernen die Kinder rasch mehrere Sprachen. Das ist für alle Schüler von Vorteil, vor allem bei einem Schulwechsel, der mehrmals vorkommen kann. Denn für die Eltern ist ganz Europa das Heimatland.

Welche Sprachen spricht die EU?

Die EU hat elf Amtssprachen: Deutsch, Dänisch, Englisch, Niederländisch, Finnisch, Französisch, Griechisch, Italienisch, Portugiesisch, Schwedisch und Spanisch. Da natürlich nicht jeder Beamte alle elf Sprachen beherrscht, wird bei der Arbeit vor allem englisch, französisch und deutsch gesprochen.

Dennoch müssen alle Rechtsakte und Informationen in die elf Amtssprachen übersetzt werden, um allen Staaten und Bürgern der EU einen problemlosen Zugang zu Informationen und eine gute Verständigung mit den EU-Institutionen und Mitarbeitern zu ermöglichen. Keiner soll

Dolmetscher können wichtige Entscheidungen oft hautnah miterleben und viele interessante Menschen kennen lernen.

dadurch benachteiligt werden, dass er erst selbst Übersetzungen von EU-Schriften oder von Schreiben an die EU anfertigen muss. Anfragen, Vorschläge und Beschwerden an die EU und ihre Organe können von den Mitgliedsstaaten und den Bürgern ebenfalls in allen Amtssprachen eingereicht werden. Sämtliche einlaufenden Texte werden in die Sprachen der Bearbeiter übersetzt und die EU-Schriften werden in allen Amtssprachen veröffentlicht. Auch im Internet sind alle EU-Informationen in elf Sprachen abrufbar.

Man kann sich vorstellen, dass sowohl mit den schriftlichen Übersetzungen, aber auch mit dem Dolmetschen bei Konferenzen ein riesiger Aufwand verbunden ist. Der Übersetzungs- und Dolmetscherdienst umfasst 3 200 Mitarbeiter.

Verständigung

Simultan-Dolmetscher übersetzen bei EU-Konferenzen etwa eine französische Rede ins Deutsche während der Redner weiterspricht. Die Übersetzung wird per Kopfhörer an die deutschsprachigen Teilnehmer übertragen. Parallel dazu wird der Vortrag in die anderen EU-Amtssprachen übersetzt.

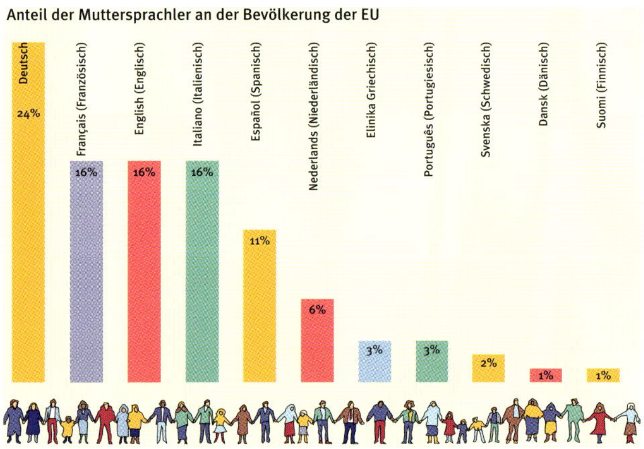

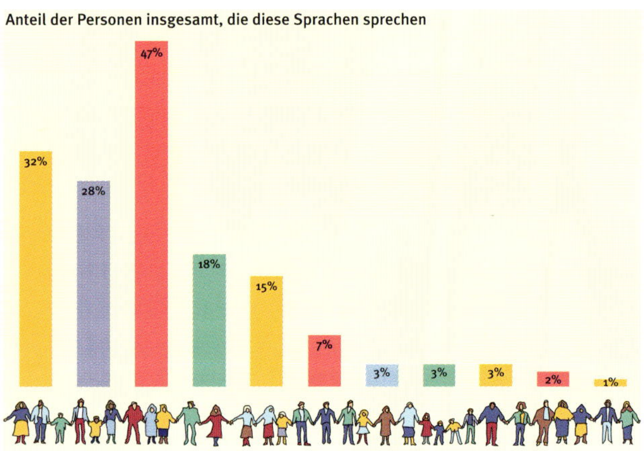

Die Gelder der EU

Die neuen deutschen Bundesländer erhalten finanzielle Hilfe aus dem Regional- und Strukturfonds der EU.

AGRARPOLITIK

Die Unterstützung der Landwirtschaft begann in der Nachkriegszeit, denn die Regierungen mussten dafür sorgen, dass die Menschen im zerstörten Europa genug zu essen bekamen.

Früher war die Arbeit der Bauern sehr hart und aufwändig.

Doch während damals ein Bauer mit seinen landwirtschaftlichen Erzeugnissen einen zusätzlichen Bürger versorgt hat, können heute 100 Bürger von den Erzeugnissen eines einzigen Landwirts leben. Entsprechend sank der Anteil der Beschäftigten in der Landwirtschaft in der EU auf knapp fünf Prozent der Erwerbstätigen.

Wie finanziert sich die EU?

Die Europäische Union verwaltete im Jahr 2000 ein Budget von knapp 90 Milliarden Euro. Dieses Geld stammt zum größten Teil von den Mitgliedsstaaten. Je höher die Wirtschaftsleistung eines Landes ist, desto höher sind die Zahlungen an die EU. Da Deutschland unter allen EU-Ländern die größte Wirtschaftskraft hat, ist der Beitrag auch am höchsten. Allerdings muss man berücksichtigen, dass die einzelnen Länder aus der EU-Kasse auch wieder etwas bekommen, und hier profitiert Deutschland von umfangreichen Hilfen für die neuen Bundesländer. Außerdem sollten all diejenigen, die den hohen Mitgliedsbeitrag ungerecht finden, bedenken, welche Vorteile die EU verschafft. Gerade Deutschland mit seiner starken Wirtschaft und seinen hohen Ausfuhren in andere EU-Länder profitiert besonders stark von den offenen Grenzen des Binnenmarkts.

Wofür gibt die EU Geld aus?

Die EU plant Jahre im Voraus, welche Maßnahmen finanziert werden. Derzeit fließen die Gelder zum größten Teil in die Landwirtschaft und die Regional- und Strukturförderung und zum kleineren Teil in die Bereiche Forschung und neue Technologien.

Fast die Hälfte der EU-Gelder dient zur Unterstützung der Landwirtschaft. Es werden vor allem die Preise der Produkte „gestützt“. Das heißt, die EU zahlt den Landwirten

Ob Milchwirtschaft in Deutschland, Weinanbau in Frankreich, Rentierherden in Norwegen oder Fischfang in Dänemark – die EU bemüht sich um die Förderung von Landwirten.

Die EU unterstützte die Entwicklung der Ariane 5-Rakete und fördert die Forschung nach ertragreichen Pflanzensorten, die Krankheitserreger und Schädlinge besser abwehren können. Gefördert werden auch umweltfreundliche Technologien, wie etwa die Energieerzeugung mit Windkraft.

für ihre Ernte vorher festgelegte Abnahmepreise, damit die Landwirte ein sicheres Einkommen haben. Denn die EU will sicherstellen, dass jederzeit genügend Nahrung in den eigenen Ländern produziert wird. Die starke Förderung der Landwirtschaft in der EU wird von vielen Nicht-EU-Staaten kritisiert. Vor allem die USA und die Entwicklungsländer möchten ihre landwirtschaftlichen Erzeugnisse gerne in die EU exportieren. Doch die EU schützt ihre Landwirtschaft auch durch Handelsbarrieren für Drittstaaten. Gäbe es nicht genug Bauern, würden die Felder aus unserer Landschaft verschwinden, die Wege nicht gepflegt werden und die Landschaft würde sich verändern. Allerdings wird darüber diskutiert, ob dieses Ziel nicht durch direkte Zahlungen an die Landwirte besser erreicht werden könnte.

Unterstützt die EU auch schwächere Regionen?

Der zweite große Geldtopf steht für die Regional- und Strukturförderung der EU zur Verfügung. Sie unterstützt wirtschaftlich schwächere Regionen, um damit den Zusammenhalt in Europa zu fördern. Denn es soll in der EU keine großen Gegensätze zwischen reichen und armen Regionen geben.

Zu den geförderten Regionen zählen zum Beispiel Andalusien in Spanien, der Mezzogiorno in Italien, aber auch die neuen deutschen Bundesländer oder das Burgenland in Österreich. Die Vorschläge, wer auf welche Weise gefördert wird, kommen von den Mitgliedsländern.

Welche Forschungsgebiete fördert die EU ?

Die EU fördert auch zukunftsweisende Technologien. Zu ihnen zählt zum Beispiel die Biotechnologie, bei der nach neuen Pflanzensorten, Lebensmitteln und Medikamenten geforscht wird. Aber auch die Informationstechnologie, die durch Mobiltelefone und das Internet bekannt ist, die Luft- und Raumfahrt und die Forschung nach umweltschonenden Produktionsverfahren werden mit EU-Geldern unterstützt.

Für die Jahre 2002 bis 2006 stehen insgesamt 17,5 Milliarden Euro für Forschung und Entwicklung in der EU zur Verfügung – das ist mehr als die EU je zuvor in neue Technologien investiert hat. Damit will sich die EU als wissensbasierte, zukunftsfähige Wirtschaftsmacht im globalen Wettbewerb behaupten.

Die Bank der EU

Es gibt neben der direkten Förderung noch eine zweite Möglichkeit, EU-Projekte zu finanzieren: durch einen zinsgünstigen Kredit der Europäischen Investitionsbank (EIB). Die Bank fördert wirtschaftlich schwächere EU-Regionen, den Ausbau der transeuropäischen (grenzüberschreitenden) Netze in den Bereichen Verkehr, Telekommunikation und Energieübertragung, die Verbesserung der Wettbewerbsfähigkeit der europäischen Industrie sowie große europäische Umweltschutz- und Energieversorgungsprojekte.

Die EIB unterstützte den Bau der Öresund-Brücke zwischen Kopenhagen (Dänemark) und Malmö (Schweden).

Europa steht mit den anderen Ländern der Welt in engen Handelsbeziehungen.

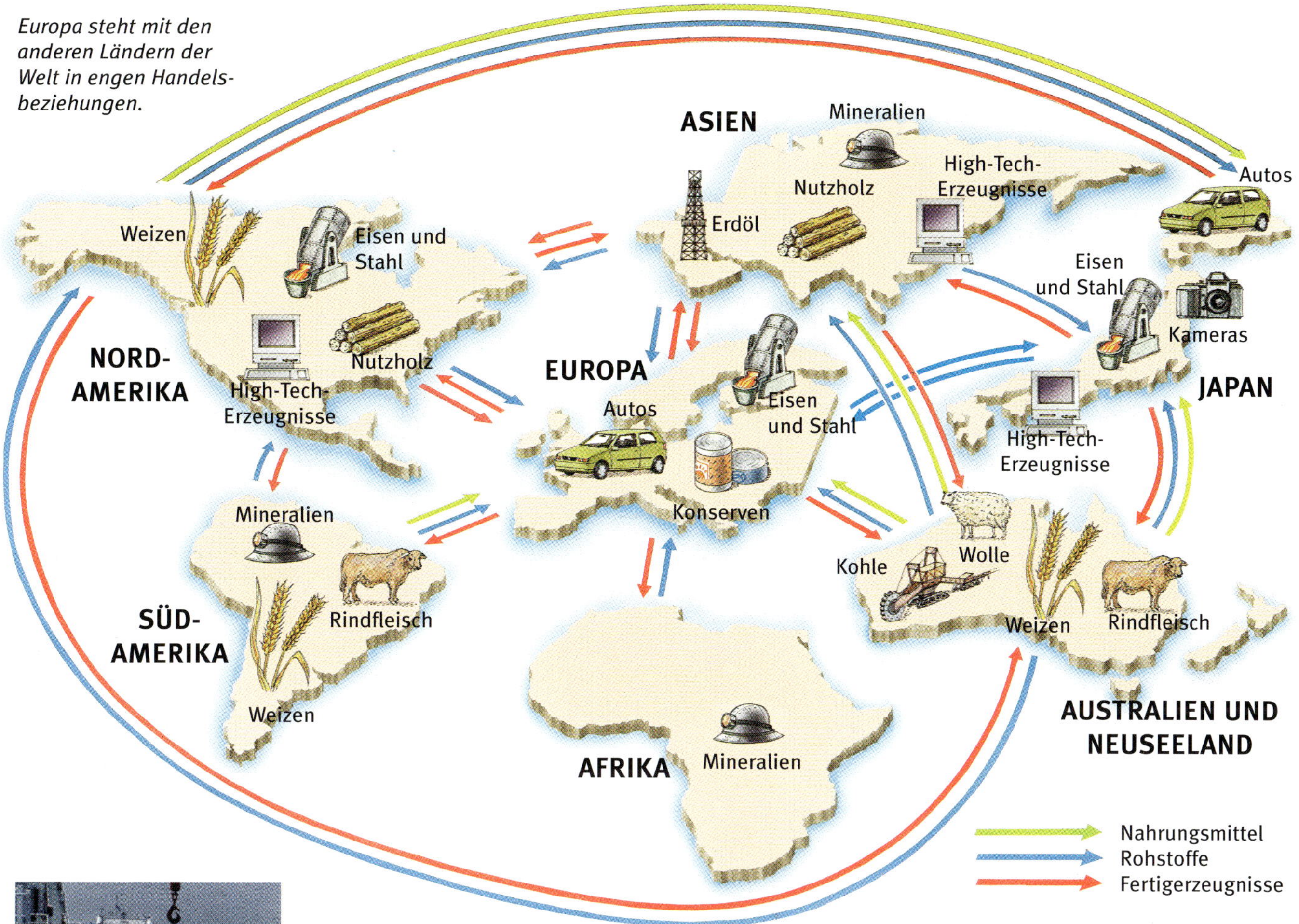

Beladung eines Frachtschiffs

Marktöffnung

Die EU hat ihre Märkte für Industrieprodukte aus anderen Ländern schon früh geöffnet. Über die Marktöffnung bei landwirtschaftlichen und Textilprodukten wird noch entschieden. Im Rahmen der Welthandelsorganisation stimmen alle Handelsnationen der Welt Zölle und Handelsvorschriften ab.

Welthandel und Zukunft

Welche Rolle spielt die EU im Welthandel?

Die Europäische Union ist die größte Handelsmacht der Welt. Ihr Anteil am Welthandel liegt mit etwa 20 Prozent noch vor den USA und Japan. Der Handel ist die Hauptquelle des Wohlstands in Europa, er sichert jeden vierten Arbeitsplatz in der Industrie, im Verkehrswesen, in der Forschung, bei Banken und Versicherungen und in vielen anderen Wirtschaftsbereichen.

Europa betreibt Handel mit fast allen Ländern der Welt. Manche Produkte, zum Beispiel Erdöl oder Bananen, sind in anderen Ländern günstiger zu fördern oder herzustellen und werden deshalb von dort nach Europa verkauft. Umgekehrt verkaufen wir viele technische Erzeugnisse, Fahrzeuge und chemische Produkte an Länder außerhalb Europas.

Die wichtigsten Handelspartner sind bei Ein- und Ausfuhren die USA, Japan und die Schweiz. Aber auch Polen, Norwegen, die Türkei, China, Ungarn und andere östliche Nachbarländer sind wichtige Zielländer für europäische Ausfuhren. Umgekehrt bezieht die EU viele Waren und Rohstoffe aus China, Norwegen, der Russischen Föderation, Taiwan und Südkorea.

Die EU fördert Ausbildungsprojekte in Afrika. Darüber hinaus ist sie der größte Geber von Flüchtlings-, Sofort- und Nahrungsmittelhilfe für die Opfer von Naturkatastrophen.

Wie fördert die EU andere Staaten?

Die EU ist weltweit der größte Geber von Entwicklungshilfe. Sie hilft aber nicht nur mit Geld. Sie unterstützt die Entwicklungsländer auch dadurch, dass diese viele Produkte weitgehend zollfrei nach Europa einführen können. Auf diese Weise verdienen die Entwicklungsländer selbst Geld.

Partnerländer sind dabei besonders jene 71 Staaten in Afrika, im karibischen Raum und im Pazifischen Ozean, die mit der EU das Abkommen von Lomé unterzeichnet haben. Es handelt sich dabei um die früheren Kolonien der EU-Mitgliedsländer, deren Unterstützung der EU besonders am Herzen liegt. Zugleich gewährt die EU zinsgünstige Kredite für wirtschaftliche und soziale Projekte in diesen Partnerstaaten.

Die europäischen Nachbarstaaten in der Mittelmeerregion sind ebenfalls zollbegünstigt und erhalten umfangreiche Hilfen. Die Hilfsgelder der EU tragen dazu bei, das Verkehrssystem, die Wasser- und Energieversorgung und damit die Lebensbedingungen der Menschen zu verbessern. Auch Ausbildungsprojekte werden gefördert, um die Arbeitslosigkeit zu verringern. Die Menschen sollen in ihrer Heimat eine faire Chance erhalten, damit sie nicht gezwungen sind, ihr Land zu verlassen.

Günstige Zölle gelten zudem für unsere Nachbarn in Mittel- und Osteuropa, darunter sind viele Beitrittskandidaten. Die Zölle für diese Länder sollen noch vor dem Beitritt ganz abgebaut werden. Die Beitrittskandidaten erhalten außerdem Zuschüsse, technische Hilfe und günstige Kredite für den Umbau und die Modernisierung ihrer Landwirtschaft und Industrie.

Wie wird die EU in Zukunft aussehen?

Jenseits der frühestens 2004 anstehenden EU-Erweiterung könnten neue Kandidaten mit dem Wunsch nach einer engeren Zusammenarbeit an die EU herantreten. Dazu zählen zum Beispiel Kroatien, wo der Umgestaltungsprozess schon weit fortgeschritten ist, aber auch Staaten wie Albanien, Mazedonien, der Republik Moldau oder Serbien, für die es wichtig ist, Frieden und Demokratie zu sichern und die Wirtschaft aufzubauen. Bei der Zusammenarbeit mit Staaten der ehemaligen Sowjetunion wie Moldawien und der Ukraine sind noch viele Fragen offen; man wird sich dabei auch um ein gutes Verhältnis zur Russischen Föderation bemühen.

Einige EU-Länder könnten – ähnlich wie in der Währungsunion – auch künftig Vorreiter bei der Zusammenarbeit sein, während andere Mitgliedsstaaten, etwa die neu

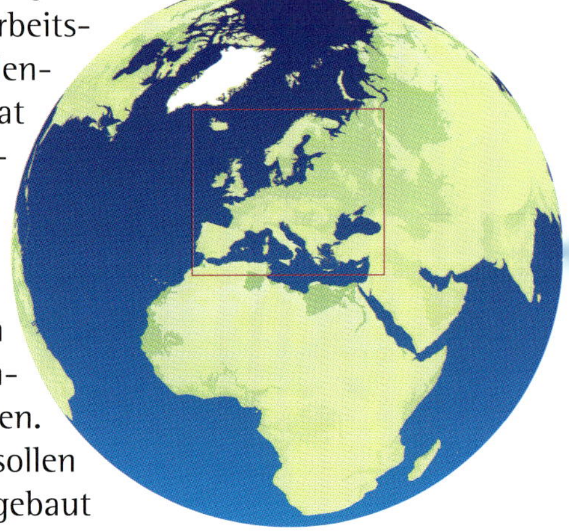

Europa in der Welt

Erweiterung

Die EU hat in der Vergangenheit ihre Anpassungsfähigkeit bewiesen und ist mit ihren Erfolgen zum Vorbild für Wirtschaftsbündnisse auf der ganzen Welt geworden. Ob die politische Einigung mit 27 oder mehr Mitgliedern ähnlich rasch voranschreitet, ist fraglich. Doch schon Jean Monnet, einer der Gründerväter der EU, erkannte: „Die souveränen Nationen der Vergangenheit sind nicht mehr der Rahmen, in dem sich die Probleme der Gegenwart lösen lassen. Und die Gemeinschaft selbst ist nur eine Etappe auf dem Weg zu Organisationsformen der Welt von morgen."

So wird die Sitzverteilung im Europäischen Parlament nach einer Erweiterung auf 27 EU-Mitgliedsstaaten aussehen. Das haben die EU-Staats- und Regierungschefs im Dezember 2000 in Nizza beschlossen. Die Sitzverteilung orientiert sich an der Bevölkerungszahl, da das Europaparlament die Vertretung der europäischen Bürger ist. Ob die EU mit 27 Mitgliedern noch immer gut regierbar ist, muss sich noch erweisen.

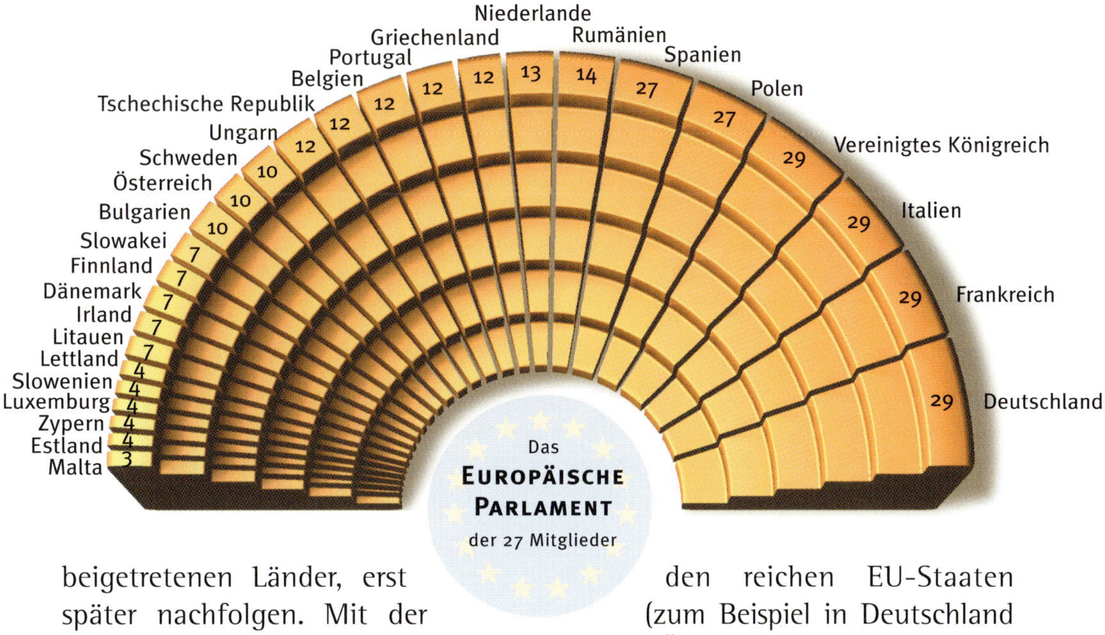

Grundrechte

Freiheit, Gleichheit, Solidarität und Bürgerrechte – das sind die Kernelemente der Europäischen Grundrechtscharta. Sie wurde beim Gipfeltreffen der europäischen Staats- und Regierungschefs in Nizza vorgestellt und könnte der Grundstein für eine europäische Verfassung sein. Die Charta schreibt die Würde des Menschen, das Recht auf Leben (das Verbot der Todesstrafe), die Gedanken-, Gewissens- und Religionsfreiheit sowie das Recht auf freie Meinungsäußerung fest. Auch das Recht auf Bildung, das Recht zu arbeiten, das Verbot der Kinderarbeit und weitere Bürgerrechte wie das Wahlrecht und das Recht auf eine gute Verwaltung sind Bestandteile der Grundrechtscharta.

beigetretenen Länder, erst später nachfolgen. Mit der Europäischen Grundrechtscharta liegt seit 2000 eine ausgearbeitete Fassung der gemeinsamen Vorstellungen über Menschenrechte und Grundfreiheiten als wichtige Basis für die Zusammenarbeit vor.

Dennoch zögert man, der EU eine gemeinsame Verfassung zu geben und sie damit näher in Richtung eines Bundesstaates zu rücken. Nicht umsonst wird betont, dass es gerade die europäische Vielfalt und das kulturelle Erbe jedes einzelnen Mitgliedsstaates sind, die Europa von den meisten anderen Staaten und Staatenbündnissen der Welt unterscheiden. Und vielleicht ist es ja richtig, dass diese Vielfalt in Zukunft sogar ein Wettbewerbsvorteil ist.

Welche Chancen bringt die EU-Osterweiterung?

Europa zählt heute zu den reichsten Regionen der Welt, gerade deshalb ist weiteres Wirtschaftswachstum kaum noch möglich. Eine große Chance liegt daher in der europäischen Osterweiterung. Auch wenn die Erweiterung schwierig zu finanzieren ist, wird sie zu einem höheren Wirtschaftswachstum in der EU beitragen. Die Bevölkerung in den reichen EU-Staaten (zum Beispiel in Deutschland und Österreich) wird immer älter, es werden immer weniger Kinder geboren, die Zahl der Verbraucher und auch der Erwerbstätigen wird sinken. Damit sind auch die wirtschaftlichen Wachstumsmöglichkeiten begrenzt. Europa wird also sehr von neuen Märkten und Arbeitskräften profitieren. Denn Wachstum und Wohlstand beruhen nicht allein auf Technik, sondern auf den Menschen, die diesen Fortschritt durch ihre Arbeit hervorbringen. Unsere derzeit gute Position im internationalen Wettbewerb verdanken wir im Wesentlichen einer Infrastruktur (Verkehrsnetz, Energieversorgung, Telekommunikation, Bildung), die weltweit zu den besten zählt, unserem technologischen Wissen und Können, aber auch der politischen Stabilität und den mehr als 50 Jahren Frieden, die wir nicht zuletzt durch die europäische Zusammenarbeit erreicht haben.

Ungarn zählt zu den Ländern, die sich Hoffnungen auf einen Beitritt ab 2004 machen können.

Europa gestalten

Wie können europäische Bürger mitreden?

Die Staats- und Regierungschefs und die Minister der Mitgliedsstaaten, also die vom Volk gewählten Regierungen aller EU-Staaten, treffen die wichtigsten Entscheidungen in der EU. Wahlberechtigte europäische Bürger, das heißt alle Menschen über 18 Jahren, haben indirekt durch ihre Regierung den größten Einfluss auf die EU.

Viele EU-Richtlinien und Verordnungen können nur mit Zustimmung des Europa-Parlaments in Kraft treten. Die gesamte EU-Kommission muss in ihrer Zusammensetzung und Tätigkeit durch das Europaparlament bestätigt werden. Daher haben die Bürger durch die Wahl der Europa-Abgeordneten direkten Einfluss auf die Europapolitik.

Zudem können alle Menschen durch Beschwerden und Petitionen (Gesuche) auf Probleme aufmerksam machen. Der europäische Bürgerbeauftragte kümmert sich um die eingehenden Bitten und Beschwerden. Eine weitere Mitsprachemöglichkeit haben wir durch Information und Meinungsäußerung: Alle Entscheidungsträger in Europa sind offen für Fragen und Anregungen der Bürger.

Die Mitglieder des Europäischen Parlaments vertreten die Anliegen der EU-Bürger. Im Bild: Die deutsche Europaabgeordnete Dr. Angelika Niebler im Gespräch mit einer Jugendgruppe in Straßburg.

Welche Projekte gibt es für junge EU-Bürger?

Europa bietet für junge Menschen viele aufregende Erlebnisse und Begegnungen. Projektwochen an Schulen greifen aktuelle Fragen auf, in vielen Städten und Gemeinden finden Kulturtage statt. Viele Jugendliche lernen die EU-Staaten und die Beitrittskandidaten hautnah bei Klassenfahrten und Austauschprojekten kennen. So lassen sich auch gemeinsame Projekte realisieren. Eine weitere Möglichkeit sind internationale Ferientreffen, Kulturbegegnungen oder Sportereignisse, bei denen Jugendliche zusammenkommen, um Gleichgesinnte aus anderen Ländern zu treffen. Wer zwischen 18 und 25 Jahre alt ist, kann als Freiwilliger an einem gemeinnützigen Projekt im europäischen Ausland mitarbeiten: Die Workcampprojekte reichen von der Wiederherstellung eines historischen Bauernhofs in Italien über Renovierungsarbeiten an einem ungarischen Kloster oder der Mitarbeit in einem Kinderheim in Finnland bis hin zu Umweltprojekten.

Internetadressen

Die zentrale Einstiegsseite für Informationen rund um die EU ist europa.eu.int. Von dort lassen sich umfangreiche Informationen zu aktuellen Ereignissen, Rechtsvorschriften und Politikfeldern, Bilder, Tondokumente, Kontaktadressen und vieles mehr ansteuern.

www.ijab.de
Jugend für Europa (D)
www.youth4europe.at
Jugend für Europa (A)

Austauschprojekte
GB: www.britishcouncil.org
F: dfjw.org
PL: www.dpjw.org
CZ: tandem-org.de

www.workcamps.com
Infos zu Workcamps

www.eyp.org
Alles über das Europäische Jugendparlament

www.europa4young.de
Gut erklärte Fakten und Tipps rund um den Euro und die EU

www.eryica.org
Links zu den Jugendinformationszentren in Europa, mit Infos und Veranstaltungstipps

Albanien

Fläche: 28 748 km²
Einwohner: 3 400 000
Hauptstadt: Tirana
Amtssprache: Albanisch
Währung: Lek

AL

Das Wahrzeichen der albanischen Hauptstadt Tirana ist der Skanderbeg-Platz mit der Ethem-Bey-Moschee. Im Minarett des islamischen Gotteshauses ruft ein Muezzin die Moslems fünfmal täglich zum Gebet.

Andorra

Fläche: 467 km²
Einwohner: 65 000
Hauptstadt: Andorra la Vella
Amtssprache: Katalanisch
Währung: Französischer Franc, Peseta

AND

Andorra liegt auf über 1 000 Metern Höhe und ist damit die höchst gelegene Hauptstadt Europas. Hoch oben in den Pyrenäen zwischen Frankreich und Spanien leben Steinböcke und Gämsen – und mit ein bisschen Glück kann man sogar den seltenen Steinadler durch die Lüfte kreisen sehen.

Belgien

Fläche: 30 528 km²
Einwohner: 10 204 000
Hauptstadt: Brüssel
Amtssprachen: Niederländisch (Flämisch), Französisch, Deutsch
Währung: Euro, vor 2002: Belgischer Franc

B

Das beliebteste Wahrzeichen von Brüssel ist das „Männeken Pis“. Zu besonderen Anlässen wird diese Brunnenfigur verkleidet und schlüpft zum Beispiel am Todestag von Elvis alljährlich in das Kostüm des King of Rock' n Roll. Für die mehreren Hundert Kostüme des Männeken gibt es sogar ein eigenes Museum.

Bosnien und Herzegowina

Fläche: 51 129 km²
Einwohner: 3 768 000
Hauptstadt: Sarajevo
Amtssprachen: Bosnisch, Kroatisch, Serbisch
Währung: Konvertierbare Mark

BiH

In Bosnien und Herzegowina gibt es zahlreiche Bodenschätze wie zum Beispiel Bauxit. Aus diesem Erz wird Aluminium hergestellt. Durch den Bürgerkrieg 1992 bis 1995 im ehemaligen Jugoslawien wurde jedoch ein Großteil der industriellen Anlagen des Landes zerstört.

Bulgarien

Fläche: 110 994 km²
Einwohner: 8 257 000
Hauptstadt: Sofia
Amtssprache: Bulgarisch
Währung: Lew

BG

In Bulgarien wird Rosenöl für die Parfümindustrie hergestellt. Die Blüten müssen noch vor Sonnenaufgang gepflückt werden, da sich bei steigenden Temperaturen ihr Ölgehalt verringert. Ungefähr 3 000 Kilogramm Rosenblüten ernten die Rosenpflücker, um ein Kilogramm des kostbaren Öls zu gewinnen.

Dänemark

Fläche: 43 094 km²
Einwohner: 5 301 000
Hauptstadt: Kopenhagen
Amtssprache: Dänisch
Währung: Dänische Krone

DK

„Des Kaisers neue Kleider“ und „Die Prinzessin auf der Erbse“ sind nur zwei der über 150 Märchen, die der dänische Dichter Hans Christian Andersen geschrieben hat. Seine beliebten Geschichten wurden in über 80 Sprachen übersetzt. In Kopenhagen erinnert die Statue der kleinen Meerjungfrau an sein gleichnamiges Märchen.

Deutschland

Fläche: 357 022 km²
Einwohner: 82 047 000
Hauptstadt: Berlin
Amtssprache: Deutsch
Währung: Euro, vor 2002: Deutsche Mark

D

Das Brandenburger Tor in Berlin gilt zugleich als Symbol der einstigen Teilung und der Einheit Deutschlands. Fast ein halbes Jahrhundert lang war das Passieren des 200 Jahre alten Tores nicht möglich. Heute feiern Ost- und Westberliner sowie viele Besucher Berlins zu besonderen Anlässen gemeinsam unter dem Wahrzeichen der Hauptstadt.

Legoland in Billund, Dänemark

Rilakloster in Bulgarien

Die Brüder Grimm aus Deutschland sammelten viele Märchen.

Estland

Fläche: 45 227 km²
Einwohner: 1 450 000
Hauptstadt: Tallinn
Amtssprache: Estnisch
Währung: Estnische Krone

EST

Estland, das „Land der klingenden Stimmen", kann auf eine Jahrhunderte alte Tradition von Volksdichtungen und Volksliedern zurückblicken. Die eigene Sprache und Kultur haben sich die Esten durch die Überlieferung der Lieder und Legenden von Generation zu Generation bewahrt.

Finnland

Fläche: 338 144 km²
Einwohner: 5 153 000
Hauptstadt: Helsinki
Amtssprachen: Finnisch, Schwedisch
Währung: Euro, vor 2002: Finnmark

FIN

Eine Sauna ist fast in jedem finnischen Blockhaus zu finden. In diesem Badehaus reinigen die Saunagänger ihren Körper und stärken ihre Abwehrkräfte. Nach etwa zehn Schweiß treibenden Minuten verlassen sie die Schwitzhütte und kühlen den Körper wieder ab. Traditionell erfrischen sich die Finnen im See oder reiben sich im Winter mit Schnee ab.

Frankreich

Fläche: 543 965 km²
Einwohner: 58 847 000
Hauptstadt: Paris
Amtssprache: Französisch
Währung: Euro, vor 2002: Französischer Franc

F

Der 320,75 Meter hohe Eiffelturm in Paris wurde 1889 erbaut. Er trägt den Namen seines Architekten, Gustave Eiffel. Das heutige Wahrzeichen der Stadt war anfangs heftig umstritten, weil die Pariser befürchteten, er könne umfallen. Heute wird der Turm aus 15 000 Stahlteilen und 2,5 Millionen Nieten täglich von circa 5 000 Menschen besucht.

Griechenland

Fläche: 131 957 km²
Einwohner: 10 515 000
Hauptstadt: Athen
Amtssprache: Griechisch
Währung: Euro, vor 2002: Drachme

GR

Die Akropolis von Athen wurde in der Antike auf einem Hügel errichtet und bedeutet übersetzt „Hochstadt". Ursprünglich diente sie als Zufluchtsstätte für die Bevölkerung bei Angriffen von Feinden. Die imposanteste Ruine mit 72 Meter langen Säulen ist der Parthenon-Tempel der Göttin Athene aus dem 5. Jahrhundert vor Christus.

Irland

Fläche: 70 273 km²
Einwohner: 3 705 000
Hauptstadt: Dublin
Amtssprachen: Irisch, Englisch
Währung: Euro, vor 2002: Irisches Pfund

IRL

Die keltische Harfe ist ein traditionelles Instrument irischer Musik und schon seit dem 6. Jahrhundert bei den Kelten bekannt. Damals spielten Barden auf der Harfe und überlieferten dazu Geschichten, Mythen und Sagen.

Island

Fläche: 103 000 km²
Einwohner: 274 000
Hauptstadt: Reykjavik
Amtssprache: Isländisch
Währung: Isländische Krone

IS

Island ist eine Insel der Gegensätze, bedeckt von Feuer und Eis. Die größte Vulkaninsel der Welt ist bekannt für ihre emporschießenden Heißwasserquellen. Diese Geysire entstehen aus bodennahem Wasser, das durch vulkanische Wärme aufgeheizt wird.

Italien

Fläche: 301 336 km²
Einwohner: 57 589 000
Hauptstadt: Rom
Amtssprachen: Italienisch, in manchen Regionen: Deutsch, Französisch
Währung: Euro, vor 2002: Lira

I

Die italienische Stadt Venedig wurde auf 118 eng beieinander liegenden Inseln erbaut. Mehr als 400 Brücken verbinden die Stadtteile miteinander. Wer es eilig hat, nimmt einfach ein Boot. Die berühmten Gondeln wurden im Laufe der Zeit allerdings zusehends von schnelleren Motorbooten abgelöst.

Luchse in Estland

Das Kolosseum in Rom

Der Wasserfall Godafoss in Island

Jugoslawien

Fläche: 102 173 km²
Einwohner: 10 616 000
Hauptstadt: Belgrad
Amtssprache: Serbisch
Währung: Jugoslawischer Neuer Dinar

YU

Im Süden Jugoslawiens verläuft ein Teil des Dinarischen Gebirges. Dieses weiß schimmernde Karsthochland bildete sich aus Kalk, der sich durch die Verbindung von Kohlendioxid und Wasser in Karst verwandelte. Vor dieser beeindruckenden Kulisse wurden die Winnetou-Filme in Szene gesetzt.

Kroatien

Fläche: 56 542 km²
Einwohner: 4 501 000
Hauptstadt: Zagreb
Amtssprache: Kroatisch
Währung: Kuna

HR

In der 60 Meter tiefen Grotte Beradine können Besucher den in unterirdischen Karstgewässern vorkommenden Grottenolm bewundern. Dieses bizarre Tier gehört zu den Salamandern und wurde früher wegen seiner unterirdischen Lebensweise und seines Aussehens für ein Drachenjunges gehalten.

Lettland

Fläche: 64 589 km²
Einwohner: 2 449 000
Hauptstadt: Riga
Amtssprache: Lettisch
Währung: Lats

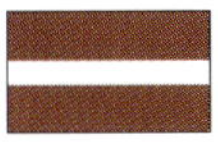

LV

Bernstein ist fossiles Harz aus Nadelbäumen, das sich über Millionen von Jahren versteinert hat. In Lettland, an der so genannten Bernsteinküste der Ostsee, kommt es besonders häufig vor. Schon im Alten Ägypten, Griechenland und im Römischen Imperium wurde Bernstein aus Lettland als Tauschware verwendet und war mancherorts sogar wertvoller als Gold.

Liechtenstein

Fläche: 160 km²
Einwohner: 32 000
Hauptstadt: Vaduz
Amtssprache: Deutsch
Währung: Schweizer Franken

FL

In den Bergwäldern, direkt über der Stadt Vaduz, liegt das Schloss Vaduz, das Wahrzeichen von Liechtenstein. Seit 1938 ist dieser imposante Bau Wohnsitz des Landesfürsten. Unter Sammlern sind die Briefmarken Liechtensteins begehrt – kleine Botschafter des Fürstentums.

Litauen

Fläche: 65 301 km²
Einwohner: 3 703 000
Hauptstadt: Wilna
Amtssprache: Litauisch
Währung: Litas

LT

Das fruchtbare Weideland in Litauen ist eine gute Voraussetzung für die Milchviehhaltung. In dem baltischen Land werden so viele Milchprodukte produziert, dass sie den größten Anteil der Exportgüter ausmachen.

Luxemburg

Fläche: 2 586 km²
Einwohner: 427 000
Hauptstadt: Luxemburg
Amtssprache: Lëtzebuergesch, Deutsch, Französisch
Währung: Euro, vor 2002: Luxemburgischer Franc

L

Schon von weitem sichtbar liegt über der Stadt Clervaux die Benediktinerabtei St. Mauritius. Besucher der Krypta können sich in einer Ausstellung mit dem Leben der Mönche vertraut machen.

Uspenski-Kathedrale, Helsinki

Adolphe-Brücke, Luxemburg

Arc de Triomphe, Paris

Die Abenteuer von Pinocchio wurden in Italien erfunden.

Malta

Fläche: 315,6 km²
Einwohner: 377 000
Hauptstadt: Valletta
Amtssprachen: Maltesisch, Englisch
Währung: Maltesische Lira

M

Zu dem Inselstaat Malta gehören die Inseln Malta, Gozo und Comino. Die Fischer von Malta haben von ihren kunterbunt angemalten Booten, den Luzzus, einen besonders schönen Blick auf die tief eingeschnittene Küstenlinie.

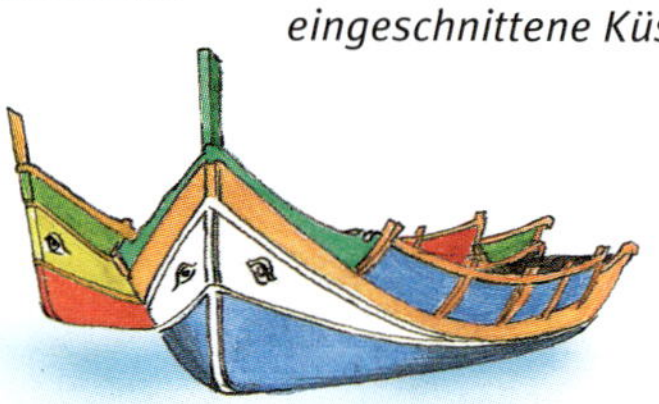

Mazedonien,

ehemalige jugoslawische Republik

Fläche: 25 713 km²
Einwohner: 2 010 000
Hauptstadt: Skopje
Amtssprache: Mazedonisch
Währung: Denar

MK

Die Sommer sind in Mazedonien oft heiß und trocken. Um Ackerbau zu ermöglichen, wird die Beckenlandschaft der Pelagonija-Ebene künstlich bewässert. Angebaut werden Tabak, Weizen, Roggen, Kartoffeln, Reis, Wein und Baumwolle.

Republik Moldau

Fläche: 33 800 km²
Einwohner: 4 298 000
Hauptstadt: Chişinau
Amtssprache: Moldawisch
Währung: Moldau-Leu

MD

Durch das günstige Klima und den fruchtbaren Boden leben viele Menschen in Moldau von der Landwirtschaft. Neben den Obstplantagen und Weinbergen sind im Spätsommer vielerorts leuchtende Sonnenblumenfelder zu sehen.

Monaco

Fläche: 1,95 km²
Einwohner: 32 000
Hauptstadt: Monaco-Ville
Amtssprache: Französisch
Währung: Französischer Franc

MC

Das Steuerparadies Monaco lockt viele Firmen und Großverdiener an die Côte d'Azur. Durch die hohe Zuwanderungsrate kann das kleine Fürstentum seine Bewohner nur noch in Hochhäusern unterbringen. Alljährlich findet hier auch das einzige Straßenrennen der Formel 1-Weltmeisterschaft statt, die „Rallye Monte Carlo".

Niederlande

Fläche: 41 526 km²
Einwohner: 15 698 000
Hauptstadt: Amsterdam
Amtssprachen: Niederländisch, in manchen Regionen: Friesisch
Währung: Euro, vor 2002: Niederländischer Gulden

NL

Die Niederlande sind so flach gelegen, dass sie ohne Deiche zum großen Teil vom Meer überschwemmt werden würden. Die typischen Windmühlen hat man früher als Wasserpumpen genutzt, um das Land zu entwässern.

Norwegen

Fläche: 323 759 km²
Einwohner: 4 432 000
Hauptstadt: Oslo
Amtssprache: Norwegisch
Währung: Norwegische Krone

N

Norwegen war die Heimat der Wikinger. Vom 9. bis 11. Jahrhundert beherrschten diese Entdeckungsreisenden des Nordens große Teile der Handelswege Europas, da sie mit ihren stabil gebauten Drachenbooten weite Strecken zurücklegen konnten.

Österreich

Fläche: 83 858 km²
Einwohner: 8 078 000
Hauptstadt: Wien
Amtssprachen: Deutsch, in manchen Regionen: Slowenisch, Kroatisch
Währung: Euro, vor 2002: Österreichischer Schilling

A

Die älteste Reitschule der Welt, in der die klassische Reitkunst gelehrt wird, ist die Spanische Hofreitschule zu Wien. Spanisch heißt sie deshalb, weil früher Pferde spanischer Herkunft trainiert wurden. Der Ursprung der berühmten Lipizzaner-Hengste, die noch heute in Wien auftreten, liegt dagegen in Lipica, Slowenien.

Die Schwedin Astrid Lindgren schrieb viele wunderbare Kinderbücher.

Belém-Turm im Hafen von Lissabon

Polen

Fläche: 312 685 km²
Einwohner: 38 666 000
Hauptstadt: Warschau
Amtssprache: Polnisch
Währung: Zloty

PL

Die über 700 Jahre alte Marienburg an der Nogat wurde nach der fast vollständigen Zerstörung im Zweiten Weltkrieg wieder liebevoll restauriert. Heute zählt die größte mittelalterliche Festung Europas zum Weltkulturerbe.

Portugal

Fläche: 92 345 km²
Einwohner: 9 968 000
Hauptstadt: Lissabon
Amtssprache: Portugiesisch
Währung: Euro,
vor 2002: Escudo

P

Ein wichtiges Exportgut Portugals ist die Rinde der Korkeiche, aus der zum Beispiel Flaschenverschlüsse, Pinnwände, Fußbodenbeläge und Dämmstoffe hergestellt werden. Die knorrigen Bäume gedeihen dort besonders gut. Etwa alle 10 bis 20 Jahre schälen die Erntearbeiter vorsichtig die furchige Korkschicht des Stammes ab.

Rumänien

Fläche: 238 391 km²
Einwohner: 22 503 000
Hauptstadt: Bukarest
Amtssprache: Rumänisch
Währung: Leu

RO

Die rumänische Provinz Siebenbürgen ist besser unter ihrem früheren Namen „Transsilvanien“ bekannt. Berühmtheit erlangte dieser Landstrich durch die gruseligen Sagen von Graf Dracula. Grundlage für diese Figur war der als grausam geltende Fürst Vlad Tepes, der in den Jahren 1431 bis 1435 in diesem Gebiet herrschte.

Russische Föderation

Fläche: 17 075 400 km²
Einwohner: 146 909 000
Hauptstadt: Moskau
Amtssprache: Russisch
Währung: Rubel

RUS

Am Rande des Roten Platzes in Moskau ließ Ivan IV., „der Schreckliche“, die Sankt Basilius-Kathedrale in nur sechs Jahren (1555 bis 1560) erbauen. Besonders ins Auge fallen die bunten Kuppeln mit der für russische Kirchen typischen Zwiebelform.

San Marino

Fläche: 60,5 km²
Einwohner: 26 000
Hauptstadt: San Marino
Amtssprache: Italienisch
Währung: Lira

RSM

Aus der umliegenden Alpenlandschaft ragt der 743 Meter hohe Monte Titano auf. Die Burg auf diesem Kalkfelsen glich über die Jahrhunderte einer Festung und konnte die Unabhängigkeit des kleinen Stadtstaates bewahren. Seit 1897 steht San Marino durch einen Freundschaftsvertrag unter dem Schutz Italiens.

Schweden

Fläche: 449 964 km²
Einwohner: 8 852 000
Hauptstadt: Stockholm
Amtssprache: Schwedisch
Währung: Schwedische Krone

S

Schweden ist das einzige europäische Land, das mit einem Verkehrsschild auf die Gefahr kreuzender Elche aufmerksam macht. Das Zeichen mit der größten Hirschart der Welt ist bei Touristen so beliebt, dass man es mittlerweile als Souvenir kaufen kann.

Rentier, Norwegen

Holländischer Käse

Der polnische Kulturpalast in Warschau

Das berühmte Riesenrad im Wiener Vergnügungspark Prater

Die Kathedrale von Skopje, Mazedonien

Schweiz

Fläche: 41 284,5 km²
Einwohner: 7 106 000
Hauptstadt: Bern
Amtssprachen: Deutsch, Französisch, Italienisch, Rätoromanisch
Währung: Schweizer Franken

CH

Das pyramidenförmige Matterhorn ist in den Walliser Alpen allseitig von Gletschern umgeben. Neben dem weißen Kreuz auf rotem Grund ist das Abbild dieses 4478 Meter hohen Berges mit seiner charakteristischen kantigen Form ein Symbol für die Schweiz geworden.

Slowakei

Fläche: 49 034 km²
Einwohner: 5 391 000
Hauptstadt: Bratislava
Amtssprachen: Slowakisch, in manchen Regionen: Ungarisch
Währung: Slowakische Krone

SK

Pressburg ist sowohl der deutsche Name für die Hauptstadt der Slowakei als auch für die Burg, die sich auf einem Hügel am Fuße der Donau erhebt. Diese mittelalterliche Festung mit ihren vier Türmen gehört zu den Nationaldenkmälern der Slowakei.

Slowenien

Fläche: 20 253 km²
Einwohner: 1 982 000
Hauptstadt: Ljubljana
Amtssprache: Slowenisch
Währung: Tolar

SLO

Neben dem Drachen, dem Wahrzeichen von Ljubljana in Form einer Brunnenfigur, ist die Stadt auch für die kreisförmig angelegte Altstadt um den Schlossberg bekannt. Zahlreiche Barockbauten bilden den historischen Rahmen einer Stadt, deren Leben heute vor allem von 35 000 Studenten aus vielen Ländern geprägt wird.

Spanien

Fläche: 504 782 km²
Einwohner: 39 371 000
Hauptstadt: Madrid
Amtssprachen: Spanisch, in manchen Regionen: Katalanisch, Galicisch, Baskisch
Währung: Euro, vor 2002: Peseta

E

Feurige Gitarrenmusik, wallende Röcke und rhythmische Untermalung durch Kastagnetten gehören zu den volkstümlichen Tanzliedern des Flamenco. Der ausdrucksstarke Tanz hat seinen Ursprung in der andalusischen Folklore.

Tschechische Republik

Fläche: 78 866 km²
Einwohner: 10 295 000
Hauptstadt: Prag
Amtssprache: Tschechisch
Währung: Tschechische Krone

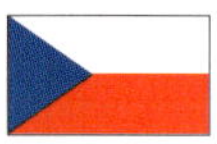

CZ

Schon im 15. Jahrhundert gab es erste Glashütten im waldreichen Gebiet der heutigen Tschechischen Republik. Das Böhmische Kristallglas ist ein Kali-Kalk-Glas, das aus Quarzsand, Kalk und Pottasche hergestellt wird. Dieses schwer schmelzbare Material eignet sich besonders für Verzierungen und den Feinschliff.

Türkei

Fläche: 779 452 km²
Einwohner: 63 451 000
Hauptstadt: Ankara
Amtssprache: Türkisch
Währung: Türkische Lira

TR

Die archäologische Fundstätte Troja in der Türkei ist durch die historischen Ausgrabungen berühmt. Sie gilt auch als Schauplatz des Trojanischen Krieges. Der Legende nach hatten die Griechen ein Holzpferd in die Stadt gebracht, in dessen Bauch sich deren tapferste Krieger befanden. Ein Nachbau des sagenhaften Pferdes ist heute in der Nähe der Kleinstadt Canakkale zu besichtigen.

London, Houses of Parliament und Big Ben

Der berühmteste (erfundene) Detektiv Sherlock Holmes ermittelte in England.

Ukraine

Fläche: 603 700 km²
Einwohner: 50 295 000
Hauptstadt: Kiew
Amtssprache: Ukrainisch
Währung: Griwna

UA

An der Schwarzmeer-Küste der Ukraine leben Pelikane in Kolonien. Die Vögel brüten nicht nur gemeinsam, sondern gehen auch in Gruppen auf Jagd. Nachdem sie die Fische mit Flügelschlägen ins flache Wasser getrieben haben, fangen sie die Nahrung mit ihrem großen Kehlsack wie mit einem Kescher aus dem Wasser.

Ungarn

Fläche: 93 030 km²
Einwohner: 10 114 000
Hauptstadt: Budapest
Amtssprache: Ungarisch
Währung: Forint

H

Das Nationalgericht Ungarns heißt gulyás und bedeutet „Fleisch, wie es die Rinderhirten essen". Dieses traditionelle Gericht wird in Ungarn als Suppe und nicht wie bei uns als Schmorgericht zubereitet.

Vatikanstadt

Fläche: 0,44 km²
Einwohner: 455
Hauptstadt: Vatikanstadt
Amtssprachen: Lateinisch, Italienisch
Währung: Lira

V

Mitten in Rom auf dem Monte Vaticano liegt Vatikanstadt, der kleinste Staat der Welt. Das Wahrzeichen ist die Peterskirche mit ihrer 136 Meter hohen Kuppel. Im daneben liegenden Vatikanpalast residiert der Papst.

Vereinigtes Königreich

Fläche: 243 307 km²
Einwohner: 59 055 000
Hauptstadt: London
Amtssprache: Englisch
Währung: Pfund Sterling

GB

Ein beeindruckender Anblick sind die hochgeklappten Flügel der 1894 erbauten Tower-Bridge in London, wenn sie einem Schiff auf der Themse die Durchfahrt ermöglichen.

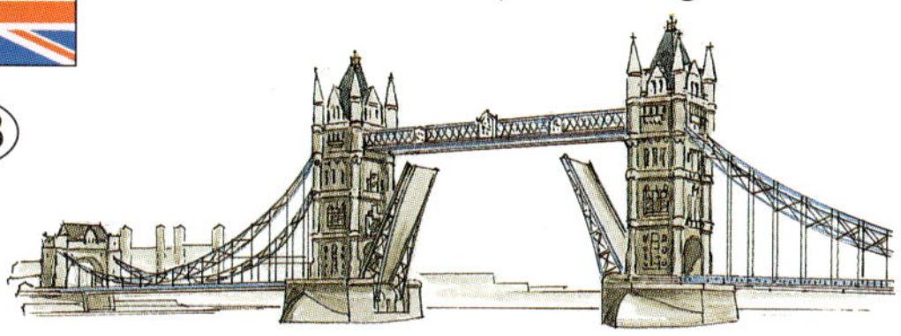

Männer in Röcken gibt es in Schottland schon seit dem frühen 17. Jahrhundert. Damals entstand der Schottenrock, Kilt genannt, aus einem Umhang.

Der Sage nach wurde Artus König von Wales, nachdem es ihm gelungen war, das Schwert Excalibur aus einem Stein zu ziehen.

Das Shamrock-Kleeblatt ist ein Wahrzeichen Nordirlands.

Weißrussland

Fläche: 207 595 km²
Einwohner: 10 239 000
Hauptstadt: Minsk
Amtssprachen: Russisch, Weißrussisch
Währung: Belarus-Rubel

BY

Der in Europa selten gewordene Wisent bevorzugt als Lebensraum urtümliche und ungestörte Waldlandschaften. Im Bialowieza-Nationalpark in Weißrussland gibt es heute noch freilaufende Exemplare der Waldrinder, doch trotz der Schutzmaßnahmen sind diese Tiere in ihrer Existenz bedroht.

Zypern

Fläche: 9251 km²
Einwohner: 753 000
Hauptstadt: Levkosía
Amtssprachen: Griechisch, Türkisch
Währung: Zypern-Pfund

CY

Ikonen sind heilige Bilder der orthodoxen Kirche mit kunstvollen Darstellungen in Form von Gemälden, Metallreliefs, Elfenbein- oder Marmorarbeiten. Der Legende nach wurde das im Jahre 1080 erbaute Kloster Kykko für eine vom Apostel Lukas gemalte Ikone der Jungfrau Maria erbaut.

Die Kettenbrücke in Ungarn

Die Blaue Moschee in Istanbul

Die Astronomische Uhr am Prager Rathaus

Bernhardiner werden zur Suche nach Bergopfern eingesetzt.

Paella ist ein typisch spanisches Gericht.

Kinderfeste in Europa

Unsere Feste gehen oft auf Bräuche aus vorchristlicher Zeit, Geschichten aus der Bibel oder Legenden von Heiligen zurück. Die wichtigsten Feste werden in ganz Europa gefeiert – jedes Land begeht sie dennoch ein wenig anders. Verschiedene Bräuche und Traditionen machen sie überall zu etwas Besonderem.

An Ostern feiern Christen die Auferstehung Jesu, aber auch den Beginn des Frühlings. Die Ostereier sind wie die Frühlingsblumen ein Symbol für das neue Leben, das nun entsteht. Warum uns gerade ein Hase die bunt bemalten Eier bringt, weiß niemand genau. Vielleicht entstand diese Sage, weil der Hase in vielen früheren Kulturen ein Fruchtbarkeitssymbol war.

Am 1. Mai tanzen die Kinder im Vereinigten Königreich um einen mit bunten Bändern geschmückten Maibaum herum. Die Mädchen basteln sich Blumenkronen, und eines von ihnen wird jedes Jahr zur Maikönigin gewählt.

Wie in ganz Skandinavien feiert man auch in Norwegen das Mittsommerfest. Zur Sommersonnenwende am 21. Juni geht die Sonne im Norden Europas nur für kurze Zeit unter. Mit Tanz und großen Lagerfeuern wird der längste Tag des Jahres gefeiert.

Überall in Europa wird an Weihnachten die Geburt von Jesus Christus gefeiert. Im deutschsprachigen Raum ist der Höhepunkt des Weihnachtsfestes der Heiligabend, an dem das Christkind den Kindern Geschenke bringt. Die Kinder im Vereinigten Königreich müssen bis zum Morgen des 25. Dezember warten, bis der Weihnachtsmann durch den Kamin kommt. Russische Kinder werden erst an Silvester beschenkt und am längsten müssen sich die spanischen und italienischen Kinder gedulden, denn dort findet die Bescherung erst am 6. Januar statt.

Index

Fakten und Rekorde in Europa

An den Uferhängen der Donau an der Mündung zum Schwarzen Meer brüten Bienenfresser.

Die Donau ist zwar nicht der längste Fluss Europas, doch ihr Weg vom Schwarzwald zum Schwarzen Meer führt durch viele Staaten: Deutschland, Österreich, Slowakei, Ungarn, Kroatien, Jugoslawien, Bulgarien, Rumänien, Republik Moldau und Ukraine. Der Wasserstrom fließt an vier Hauptstädten (Wien, Bratislava, Budapest und Belgrad) vorbei und wird von mehr als 200 Brücken überspannt.

Der europäische Teil des eurasischen Kontinents bedeckt etwa sieben Prozent der Landfläche der Erde, das sind zwei Prozent der Erdoberfläche. Etwa 728 Millionen Menschen leben auf insgesamt 10 354 636 Quadratkilometern.

Das Gebiet der Europäischen Union umfasst 3 240 000 Quadratkilometer mit etwa 375 Millionen Einwohnern.

Großbritannien ist die größte Insel mit einer Fläche von 229 885 Quadratkilometern.

Die höchsten europäischen Berge sind der Elbrus in Russland (er liegt an der Grenze zu Asien) mit 5 642 Metern, der Montblanc in den Savoyer Alpen mit 4 808 Metern und der Monte Rosa in Italien mit einer Höhe von 4 637 Metern.

Die längsten Flüsse Europas sind die Wolga (3 530 Kilometer), die Donau mit 2 850 Kilometern Flusslauf und der Dnjepr (2 285 Kilometer).

Das kleinste Land der Welt ist Vatikanstadt mit 44 Hektar (0,44 Quadratkilometern) Fläche. Es liegt inmitten Roms.

Die Alpen sind das größte und höchste europäische Gebirge: Sie überspannen sieben Länder, sind mehr als 1 200 Kilometer lang und bis zu 250 Kilometer breit.

Der größte europäische See liegt in Russland: Der Ladogasee erstreckt sich über eine Fläche von 17 703 Quadratkilometern.

Finnland hat über 55 000 Seen, die zusammengerechnet etwa zehn Prozent des Landes ausmachen.

London | Berlin | **Zeitzonen** | Helsinki | Moskau

Unsere Welt ist in 24 Zeitzonen eingeteilt. Vom Greenwich-Nullmeridian (in England) ausgehend, zählt man nach Osten zu jeder Zeitzone eine Stunde dazu, nach Westen wird jeweils eine Stunde abgezogen. Innerhalb einer Zeitzone gilt für alle Orte die gleiche Zeit. Die Zeitzonen passen sich nicht immer genau den Längengraden an, sondern folgen oft auch Staatsgrenzen. Um in ganz Mitteleuropa die gleiche Uhrzeit zu haben, hat man sich zum Beispiel darauf geeinigt, dass im gesamten Gebiet die so genannte Mitteleuropäische Zeit (MEZ) gilt. Große Länder wie die Russische Föderation sind in mehrere Zonen eingeteilt.

WAS IST WAS
BAND 79
Moderne Physik
Tessloff

WAS IST WAS
BAND 80
Tiere wie sie sehen, hören und fühlen
Tessloff

WAS IST WAS
BAND 81
Die Sieben Weltwunder
Tessloff

WAS IST WAS
BAND 82
Gladiatoren
Tessloff

WAS IST WAS
BAND 83
Höhlen
Tessloff
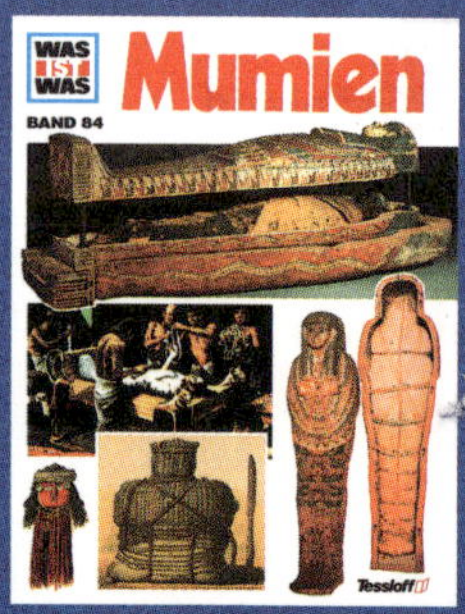
WAS IST WAS
BAND 84
Mumien
Tessloff

WAS IST WAS
BAND 92
Papageien und Sittiche
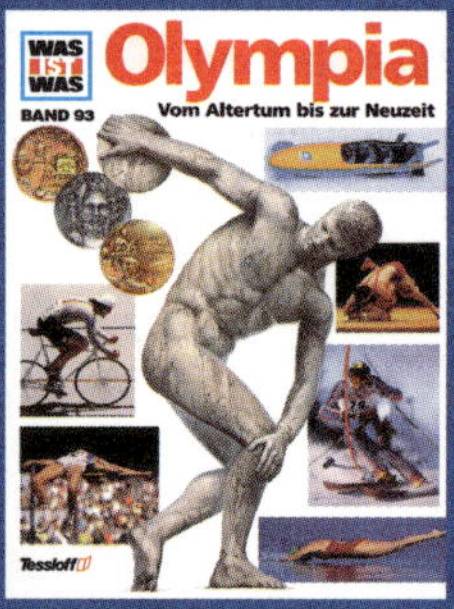
WAS IST WAS
BAND 93
Olympia
Vom Altertum bis zur Neuzeit
Tessloff

WAS IST WAS
BAND 94
SAMURAI
Ritter des Fernen Ostens
Tessloff
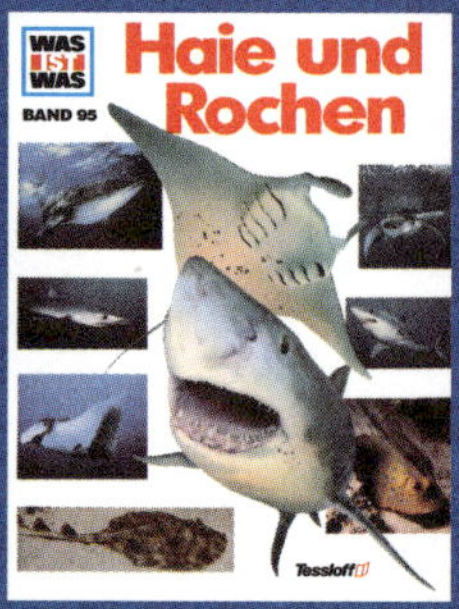
WAS IST WAS
BAND 95
Haie und Rochen
Tessloff

WAS IST WAS
BAND 96
Schatzsuche
Verschollene und gefundene Schätze
Tessloff

WAS IST WAS
BAND 97
Hexen und Hexenwahn
Tessloff

WAS IST WAS
BAND 104
Wölfe
Tessloff

WAS IST WAS
BAND 105
Weltreligionen
Tessloff

WAS IST WAS
BAND 106
Burgen

WAS IST WAS
BAND 107
Pinguine
Tessloff
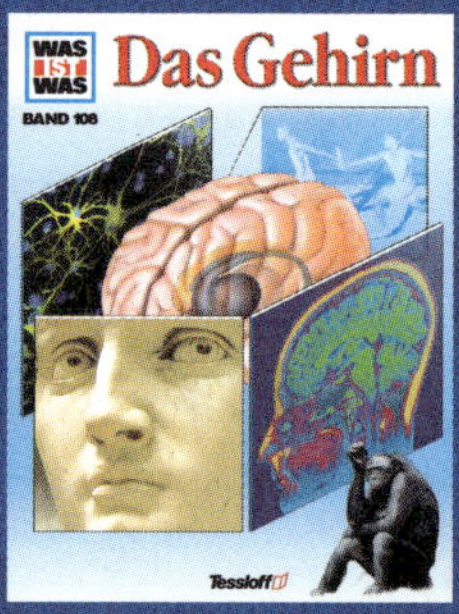
WAS IST WAS
BAND 108
Das Gehirn
Tessloff

WAS IST WAS
BAND 109
Das alte China
Tessloff

Tamara B.